1　石濤《せきとう》「廬山観瀑図《ろざんかんばくず》」

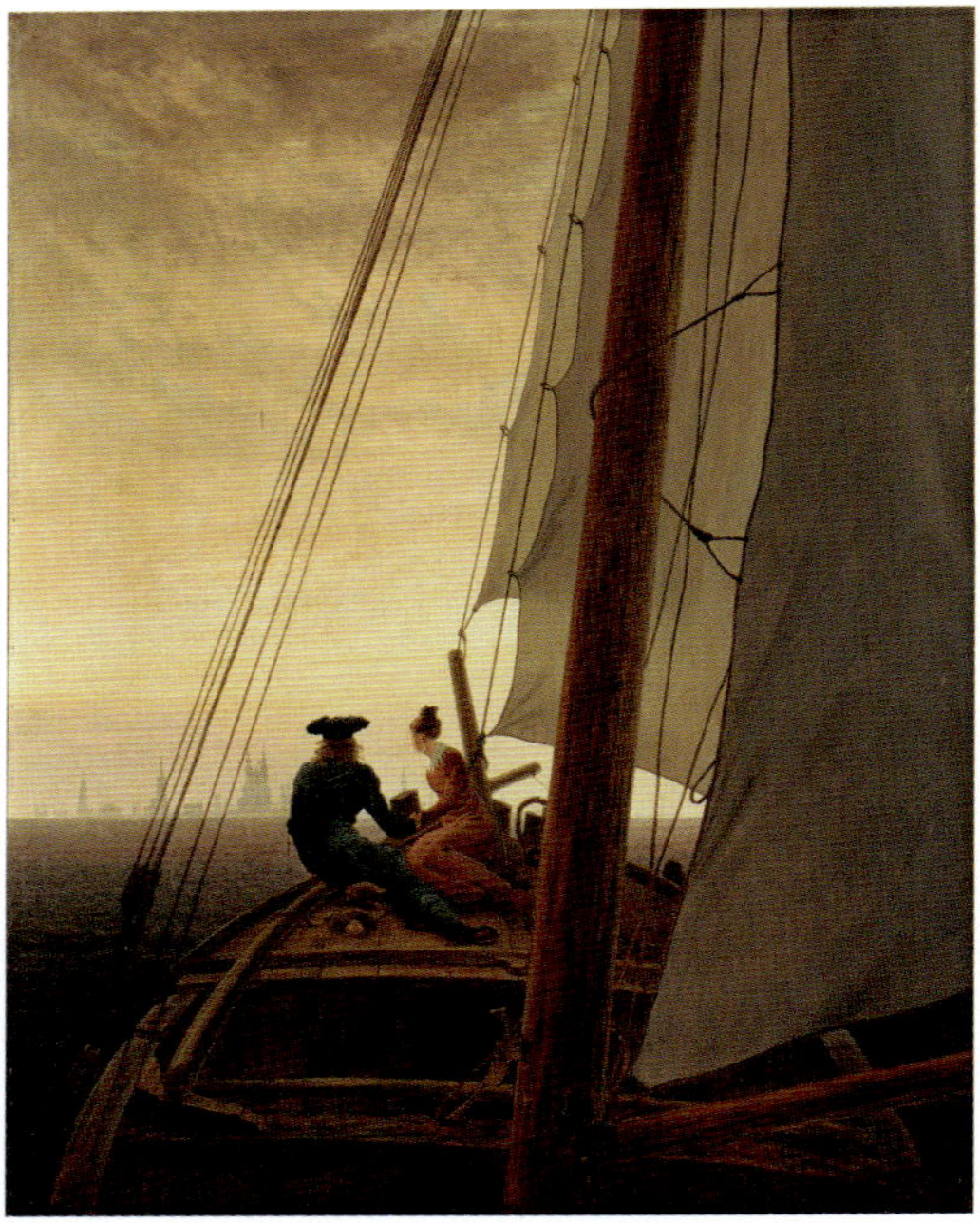

2　カスパー・フリードリヒ「帆船にて」

3　カスパー・フリードリヒ「海辺の修道士」

4　フィンセント・ファン・ゴッホ「日の出に刈る人のいる麦畑」

5　山下りん「至聖三者」

6　ウィリアム・ブレイク「アダムとエバ」

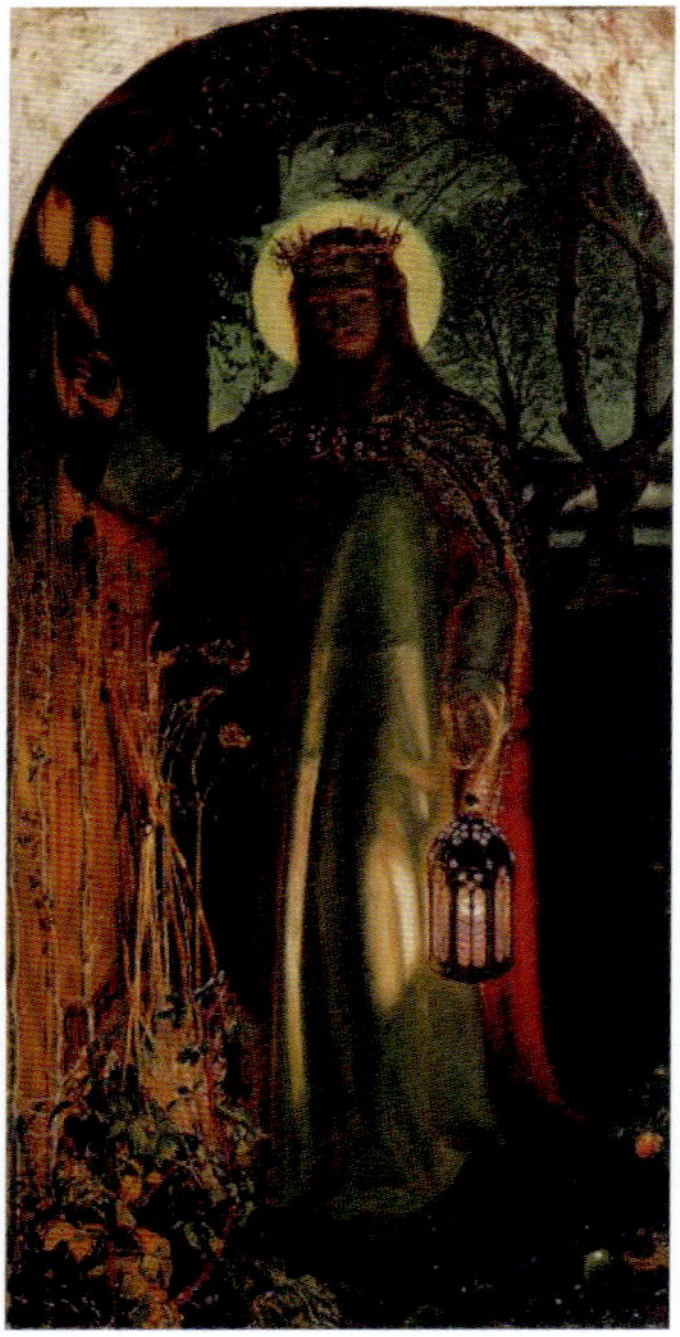

7　ウィリアム・ホルマン・ハント「世の光」

8　ドゥッチオ　「山上のキリストへの試み」

9　ドゥッチオ「ペトロとアンデレの召命」

10　アリ・シェフェール
「聖アウグスティヌスとモニカ」

11　レンブラント「エマオでの夕食」

13　ヒエロニムス・ボス
「パラダイス・地上のパラダイス」

12　ヒエロニムス・ボス（ボッシュ）
「パラダイス・祝福された者の上昇」

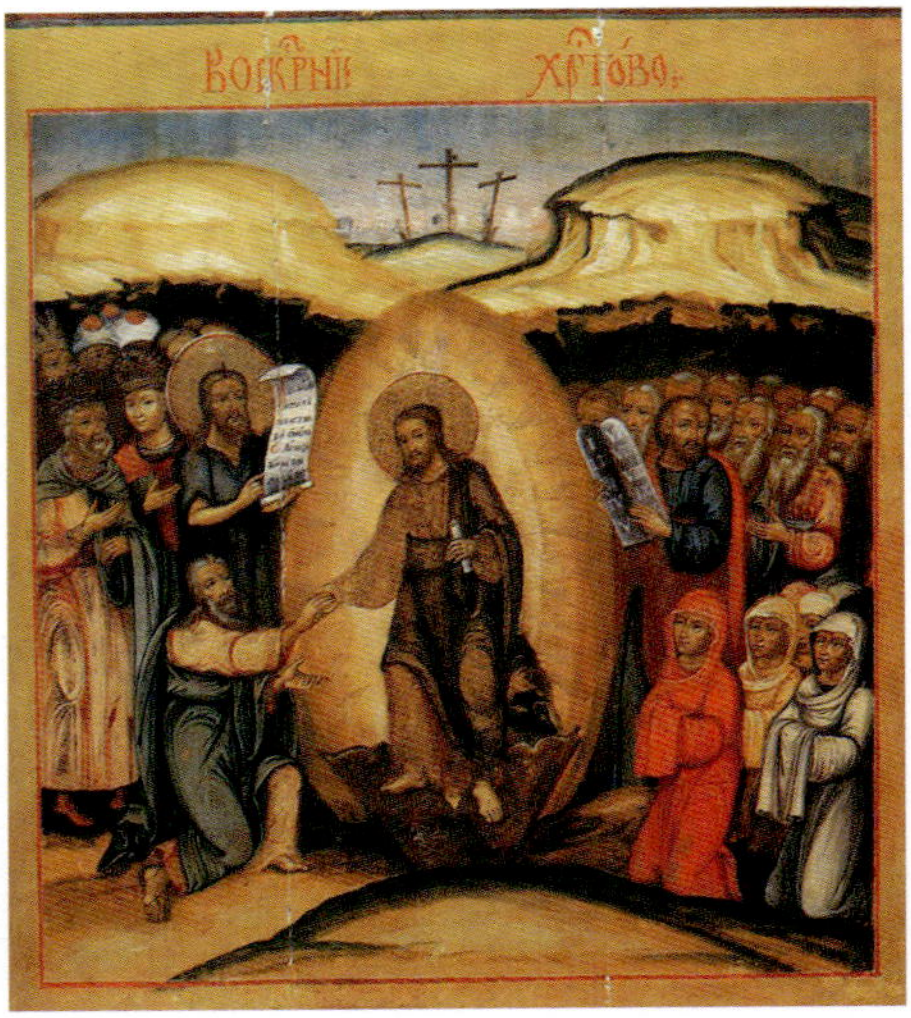

14　イコン
「キリストの陰府への降下」

15　イコン
「キリストの洗礼」

信仰の基礎としての神学

キリスト教神学への道案内

松田 央

新教出版社

目次

まえがき　Prologus …… 9
第一章　人生について　De Vita …… 14
第一節　人生の道 …… 14
1　セネカの幸福論 …… 14
2　神の国 …… 18
3　旅の人生 …… 24
第二節　仏教の人生論 …… 28
1　一切皆苦 …… 29
2　諸行無常 …… 31
3　諸法無我 …… 34
4　涅槃寂静 …… 37

床屋談義【現代神学の全体像】……42
第二章　神について　De Deo……47
第一節　神と人間……47
1　神の偉大さと人間の弱さ……47
2　虚無からの解放……52
第二節　神との出会い……55
1　実在的自覚……55
2　神の啓示（神の顕現）……59
第三節　三位一体……65
1　概説……65
2　聖書の証言……67
3　三位一体の信仰……69
床屋談義【存在としての神】……73
第三章　人間について　De Homine……78

第一節　人間の実存……78
1　罪の概念……78
2　使徒パウロの苦悩……84
3　アガペー（神の愛）……87
第二節　悪魔（サタン）……92
1　キリスト教の悪魔像……92
2　キリストと悪魔……95
3　悪魔の属性……97
床屋談義【万物の振動】……102
第四章　信仰について　De Fide……105
第一節　イエスに従うこと……105
1　信仰の本質……105
2　悔い改め（回心）……107
3　ペトロの悔い改め……110
4　アウグスティヌスの悔い改め……113

第二節　イエスの十字架……118
1　福音の本質……118
2　イエスの十字架の神学的意義……120
第三節　イエスの復活……124
1　復活信仰の根拠……124
2　イエスの復活の神学的意義……127
床屋談義【大宇宙の神秘】……130

第五章　救済について　De Salvatione ………… 133
第一節　現代人の宗教的問題……133
1　現代の死の問題……133
2　時間の概念……139
3　キリスト教の永遠……141
第二節　生き方としての救済論……144
1　贖罪（罪の贖い）……144
2　義認と再生……145

3　テオーシス（神化）……148
床屋談義　【東方正教会のイコン】……152
第六章　祈りと黙想について　De Oratione et Meditatione……156
第一節　聖霊の経験……156
1　祈りに関する問題……156
2　祈りの原則……158
3　マインドフルネス……162
第二節　呼吸による黙想法……167
1　呼吸への気づきと身心一如……167
2　幸福感……172
注……175
あとがき　Epilogus……183

まえがき　Prologus

キリスト教神学（以下、「神学」と省略）は、英語の theology やドイツ語の Theologie（テオロギー）の訳語であるが、その語源はギリシア語の θεολογία（テオロギア）である。これは θεός（テオス）についての λόγος（ロゴス）、つまり神についての言葉・教えを意味する。テオロギアは元来ギリシア宗教の神々について神話論的に物語ることを指した。

聖書には「神学」という術語はないが、古代の教父はこの術語を教会の教えの論理化のために採用した。すなわち、神学とはキリスト教において礼拝される神についての考察である。ちなみに教父とは、古代および中世初期の有力なキリスト教著作家の中で、キリスト教会（以下、「教会」と省略）によって正統な信仰者として認められた人々の総称である。

たとえばカイサリアのエウセビオス（二六〇頃〜三三九頃）によれば、神学とは神についてのキリスト教的理解を意味する。ここからわかるように、神学は本来、キリスト教思想全体を含むものではなく、神に直接関わるキリスト教思想、つまり「神論《しんろん》」を指していたようである。しかし、のちにそれだけではなく、キリスト論（イエス・キリストの本質に関する議論）、聖霊論（聖霊の本質に関する議論）、人間論（人間の本質に関する議論）、救済論（救済の本質に関する議論）など多種多様なキリスト教思想を含む学問として発展したのである。したがって本書では後者の意味で神学という言葉を用いる。

　ところで少なくとも古代・中世のキリスト教では、神学は教会の活動に奉仕するために必須の学問であった。しかし、今日の教会では信徒は無論のこと、教会の牧師でさえも神学を無用のものと考える傾向がある。現実の神学研究の大半は、教会から遊離したものになっていて、特定の専門家だけの関心の対象になっている。

　キリスト教信仰（以下、「信仰」と省略）はキリストの言葉を聞くことによって始まるから（ローマ一〇・一七）、信仰の修養のためには聖書の読解が重要な条件となる。しかし、教会における通常の礼拝の説教や聖書研究では、聖書の各々の箇所における解説がなされるだけである。そこで信徒や求道者は聖書やキリスト教思想を全体的視野から総合的・体系的に学ぶことができない。

　また従来の神学では聖書および教会の伝統的な教えの解釈に重点が置かれていて、現代人の宗教的欲求を十分に満たす工夫がなされていない。ドイツの牧師であるイェルク・ツィンクが主張しているように、現代は宗教的な関心が薄い時代ではなく、むしろその関心の幅がますます広がり、強烈になり、さまざまな様相を呈し、個人的になっている時代であるといえる。(1) ところが残念ながら、教会はそのような多様な宗教的関心に適用できる体制を整えていない。

ところでキリスト教はおおむね、東方正教会、(2) ローマ・カトリック教会（以下、「カトリック」と省略）、聖公会（イギリス国教会）、プロテスタント諸派（以下、「プロテスタント」と省略）に分かれる。またプロテスタントという教派があるわけではなく、それはカトリック、聖公会などから分かれた教派（ルター派、改革派、長老派、会衆派、メソジスト派、ホーリネス派、バプテスト派など）の総称である。(3)

なぜこれほど多くの教派（宗派）があるのであろうか。私見によると、各々の基礎となる神学が異なるからである。聖書は一つであるが、その解釈が多種多様に分かれているからである。そして各教派は自分たちの神学や信条が最も正しいと主張している。しかし今の状況が続く限り、キリスト教は一般大衆からますますかけ離れた宗教になっていくおそれがある。

このような現状を鑑《かんが》みて、私は信徒や求道者にふさわしい神学教育が必要になっていると考えた。本書はこの目的のために著されたものである。新しい神学は、既存の神学思想を根本的に見直す学問である。つまり、各教派において当然の真理と考えられていた神学や信条を点検し、新しい別の視点からキリスト教を再構成するという試みである。そのために抽象的・観念的な議論を極力避け、具体的な人生論や人間論を思索の前提としている。またキリスト教以外の思想も紹介しながら、なるべく広い視野からキリスト教思想を展開している。

さらに本書では信徒や求道者が日常生活において神の働きを容易に経験できる方法論を提示している。今日《こんにち》、宗教的関心を持つ人々の多くが、物質の背後にある霊的世界（精神世界）を経験したいという欲求を持っている。そのためには従来の祈りの方法では不十分になっている。そこで本書ではキリスト教的黙想のほかに仏教、とりわけ禅宗の自己理解を参考にして、聖書のメッセージと霊的世界を結びつける方法を示唆している。

ただし、我流の黙想はいかにも怪しげで、自己陶酔的なものになりがちである。本書ではそのような危険性を十分に考慮しながら、「キリスト教的な黙想」を提言している。「キリスト教的な黙想」は、拙著『キリストの道』（冬弓舎）における基本方針を発展させたものである。本書をお読みになった方は、是非『キリストの道』も参照していただきたい。

いうまでもなく、この書物は不完全なもので多くの批判を受けねばならないであろう。しかし、いささかなりとも信徒や求道者の参考になり、キリスト教の真理の解明と信仰生活の充実化に寄与することができれば、幸甚である。

二〇一七年九月

著者記す

信仰の基礎としての神学

キリスト教神学への道案内

第一章　人生について　De Vita

この章ではキリスト教の人生論について論考する。キリスト教徒ではない人々にとって、いきなり神について考えるよりも、まず広く人間の生き方について検討する方が、キリスト教に入りやすいであろう。そのためにキリスト教のみならず、西洋哲学、仏教、荘子の思想なども視野に入れる。

第一節　人生の道

1　セネカの幸福論

私たちは日常の生活においてどのように生きていくべきなのか。私たちの人生の究極の目的は何であるのか。求道者にとってこの問題は信仰への入り口として重要な事柄であろう。また信徒にとってもこれは自分の信仰を点検するために必要な課題であるといえる。そこでまずキリスト教以外の立場からこの問題を考察しよう。

セネカ（前四頃〜後六五）はローマ帝政初期のストア学派の哲学者、劇作家、政治家である。六五年、政治的陰謀に加わったという罪状で皇帝ネロに自殺を命じられた。彼は『幸福な生について』という著作において次のような人生論を説いている。

ガッリオー兄さん（セネカの長兄ルーキウス・ユーニウス・ガッリオー・アンナエウスのこと）、幸福な生を送りたいというのは人間誰しも抱く願望だが、幸福な生をもたらしてくれるものが何かを見極めることとなると、皆、暗中模索というのが実情だ。それに、そもそも幸福な生を達成するというのは実に容易ならざる業《わざ》なのであって、いったん道を誤れば、慌てて急げば急ぐほど、目指す幸福な生から遠ざかる結果を招いてしまうといったものなのだ。（中略）次には、周囲をよく見渡し、どの道をたどれば目的地に最も早く到達できるかを見て取らねばならない。（中略）もちろん、生というこの旅では他の旅の場合とは事情が異なるのだから、われわれが向かう目標に精通している経験者が誰かいなくてはならない。(4)

ここに述べられていることは、現代の私たちにも通用する事柄であろう。確かに私たちが自分の幸福というものを考えた場合、万人に当てはまる手引き書のようなものがあるわけではない。世の中ではあたかも幸福に客観的な基準があるかのように主張している人々がいる。たとえば、財産、学歴、社会的地位、理想的な配偶者、健康などを基準として設定している。またある宗教団体は、指導者の教えに忠実に従うならば、幸福になれると宣伝している。

しかし、たとえ将来、私たちがそのような基準に到達したとしても、そこで真の幸福感を味わうことができないであろう。というのも、その時点で新たな不満、不安、悩みなどの感情を抱いてしまうからである。

それではどうすればいいのか。セネカが教えているように、「暗中模索」の状態の中で試行錯誤を繰り返しながら、幸福という目標に到達する手段を自分自身で見いだす以外に方法はない。

そして、セネカは幸福のための手段を「道」にたとえ、また人生を「旅」にたとえている。このたとえは一般的な用法であるといえる。私たちの前にはいつも複数の道が横たわっている。そして、選ぶべき道を間違えれば、とんでもない世界に入ってしまって、人生はすぐに過ぎ去ってしまう。私たちの生涯はいつも旅の途中にあり、慎重に複数の道を選びつつ、目標を目指して歩まねばならない。

その際、セネカがいうように、「われわれが向かう目標に精通している経験者」が是非とも必要になる。繰り返しになるが、人生の道を選ぶのは、私たち自身の決断によるものであるが、そのためには自分の知恵だけでは不可能であり、人生の先達の助言や導きが必要になるのである。また重要なことは、その場合、「人生の最も卓越した先達」が誰であるのかということである。その見極めが肝心である。ちなみにキリスト教の立場から考えれば、「人生の最も卓越した先達」とはイエス・キリストであり、幸福に至る道は「キリストの道」、すなわちイエス・キリストが自らこの世で歩み、また人々に示した信仰の道である。

ところでセネカにとって「人生の最も卓越した先達」とは、ストア学派の哲学者たちである。ストア学派は、ギリシア・ローマ哲学史上、前三世紀から後二世紀にかけて強大な影響力をふるった一学派である。その創始者はキプロスのゼノンである。

この学派の思想によると、人間は内在する英知を自覚することによって「コスモス」を認識しなければならない。ギリシア語の κόσμος（コスモス）には、「宇宙」「世界」「秩序」という意味がある。つまり、宇宙にはそれ自体に内在する秩序があるという思想が認められる。そして、人生の目的は、この宇宙（自然）の秩序に従って生きることであり、それが最大の幸福をもたらす。それが道徳であり、義務であると共に宇宙と一体化する修行法であるとされる。

セネカもこの思想に基づいて幸福論を展開している。彼にとって幸福とは純粋に精神的次元のものであり、道徳によって獲得される精神の調和と安定である。道徳は「最高善」とも呼ばれる。このような最高善の境地に到達すれば、外界の条件に影響されることなく、いつも安心立命の状態を保つことができるというわけである。(5)

2　神の国

イエスの教えの核心

それではキリスト教にとって幸福とは何であるのか。福音書に書かれているイエスの教えを基本にして考察を展開してみよう。

まず最初に注意しなければならないことがある。イエスの教えをどのような視点から解釈するのかという問題である。この視点を見誤ると、キリスト教信仰自体に対する根本的誤解が生じる。それに関して新約聖書学者リチャード・ボウカムは次のように述べている。

近代以降、イエスはよく倫理の教師、または社会改革者として見られてきた。こうした見方がまったく的外《はず》れだというのではない。それらを裏づける資料は福音書のなかにも多くある。しかし、それでは彼をひどく過小評価することになる。それはあまりにも近代的でヒューマニスティックな見方で、人々がどう生きるべきかということに焦点を当て過ぎている。しかし、イエスをその使命へと燃え立たせたものは、神の体験だった。(中略)共観福音書と呼ばれるマタイ、マルコ、ルカの三福音書があきらかにしているのは、イエスの言葉と行動の核心に「神の王国」と彼が呼んだものがあるということだ(6)。

ここに述べられているように、イエスの教えの核心は、倫理や道徳ではなく、「神の体験」である。そして私の解釈によれば、「神の体験」とは、神それ自体を経験するということではなく、神の働きや力を経験するということである。聖書の思想によると、人間は神の姿そのものを見たり、神の声そのものを聞くことはできない。

「神の王国」とは「神の国」あるいは「天の国(天国)」とも呼ばれ、神の支配を意味する。簡単にいえば、神が活動している世界のことである。本来、神の国はこの世とは別の次元に属するから、私たちはこの世にいる限り、神の国それ自体に住むことはできない。そこで完全な意味での神の国は終末の時にはじめて実現する(マタイ二四・二九〜三一、第二ペトロ三・一三)。

しかしイエスの活動を通して神自身の活動が始まったから、そのことを信じることによって、神の働きや力を実際に経験することができる。これが各福音書における中心的主題である。そこでキリスト教の場合、セネカの道徳に相当するものは、信仰である。またコスモスに相当するものは、神の国である。たとえばイエスは次のように語っている。

心の貧しい人々は、幸いである、天の国はその人たちのものである。（マタイ五・三）

新約聖書の原文はギリシア語で書かれている。原文を直訳すると、「心の貧しい」とは「霊に関して貧しい」という言葉である。「霊」の原語は πνεῦμα（プネウマ）である。プネウマには多様な意味があるが、ここでは神の霊（力）を受け止める能力という意味であろう。

そこで「霊に関して貧しい人々」とは、神の霊を受け止める能力がないことに気づいている人々を指す。つまり、簡単にいえば、自分自身に信仰の力がないことを認識している人々である。そしてイエスは、そういう人こそが神の国を経験できるという。なぜならば、信仰や霊の力というものは、各人の能力によるのではなく、神から与えられるものであるからである。そのことに気づいている人々は、真剣に神の力を求めるので、神の国を経験することができる。したがって、そのような人々は幸いなのである。

神の国と自然の活動

さらにイエスは神の国に関して次のように教えている。

空の鳥をよく見なさい。種も蒔かず、刈り入れもせず、倉に納めもしない。だが、あなたがたの天の父は鳥を養ってくださる。あなたがたは、鳥よりも価値あるものではないか。あなたがたのうちだれが、思い悩んだからといって、寿命をわずかでも延ばすことができようか。

なぜ、衣服のことで思い悩むのか。野の花がどのように育つのか、注意して見なさい。働きもせず、紡ぎもしない。しかし、言っておく。栄華を極めたソロモンでさえ、この花の一つほどにも着飾ってはいなかった。今日は生えていて、明日は炉に投げ込まれる野の草でさえ、神はこのように装ってくださる。まして、あなたがたにはなおさらのことではないか、信仰の薄い者たちよ。（同六・二六～三〇）

何よりもまず、神の国と神の義を求めなさい。そうすれば、これらのものはみな加えて与えられる。（同六・三三）

「思い悩む」の原語は μεριμνάω（メリムナオー）であるが、これは心配する、気にかける、心をつかうという意味である。私たちは普段、無意識に衣食住などに心をつかっている。そこからさまざまな思い煩いが生じる。しかしイエスはいう。「自然の活動を注意深く見なさい。そこに神の国（神の活動している世界）がある」。

神の国と神の義（救い）を求めるということは、現世からかけ離れた世界を探求することではない。無心になって、あらゆる雑念から解き放たれて、自然の活動に神の働きを見いだそうとすることである。ちなみに『荘子《そうじ》』には「樗《おうち》を無何有《むかう》の郷《さと》に植えて、その周りで無為にしてゆったりと眠るということをどうしてなさらないのですか」[7]という言葉がある。『荘子』は中国の戦国時代（前四〇三〜前二二一）の思想家荘子《そうし》（生没年不明）が著したとされる書物である。

樗とは栴檀《せんだん》のことで、ヒマラヤ山麓地方原産と推定されるセンダン科の落葉高木である。古くからアジアの各地で植えられ、日本でも伊豆半島以南の暖地沿岸に野生状に生育している。

また「無何有」とは「何か有るか、何もない」という意味である。作為がなく、自然なことを指す。すなわち、栴檀を作為的に木材とするのではなく、自然のままで用いる方法があるというわけである。むしろその方が栴檀の命を守ることになる。「無為」とは人為を排し、天地自然（大宇宙）の生成活動に従った生き方のことである。

清初期の石濤《せきとう》「廬山観瀑図《ろざんかんばくず》」という山水画には神仙思想が表現されている。荘子の境涯は神仙思想の源の一つになっている。**（口絵1参照）**

ここからわかるように、イエスの思想は荘子のそれと通じるところがある。神の活動や力は天地自然の生成活動と相即不離の関係にあるのであるから、後者を受け入れることが勧められている。

近代の思想家が主張しているように、確かにイエスの教えには道徳的な要素がある。しかし、それは私たちが聖人君子になるための指針ではない。それはあくまで神の国を経験するための道筋としての指針なのである。そしてヨハネ福音書ではそのような指針が象徴的に表現されている。

わたしは道であり、真理であり、命《いのち》である。わたしを通らなければ、だれも父のもとに行くことができない」。（一四・六）

「わたし」とはイエスのことであり、「父」とは神のことである。つまり、イエスは神に至る道であるということである。それではイエスが神に至る道であるということはどういう意味なのか。

従来の神学ではこの言葉を哲学的・思弁的に解釈する傾向にあった。たとえば「イエスの人格を通して神と真理と命が現れている」というような理解である。そのためにヨハネ福音書におけるイエスの言葉が、抽象的で親しみにくいものになってしまっている。しかし、ここで引用されている言葉も「神の国」という視点から見直すと、きわめてわかりやすいものになる。

すなわち、イエス自身が誰よりも真剣に神の働き、力、命を求めたから、イエスの内側に神の力と命が充満していた。また「真理」とは、哲学的真理や科学的真理ではなく、「真実・確実・誠実」というような意味である。また真理はイエス自身が人間に語り、人間を信仰へと導く言葉でもある（ヨハネ八・三一〜三二、四五〜四六）。

それゆえイエスの言葉を真実なものとして信じ、イエスの指針に従う人は、神の国を経験し、幸いの境地に至る。これがキリスト教の根本的メッセージなのである。

【図1　キリストの道】

神⇧イエス・キリスト（神の国を示す指針）⇧信仰者

3　旅の人生

以上のように、イエスの活動によって神の国は非常に身近な世界になった。ただし私たちが経験できる世界はあくまで神の国の一側面である。神の国そのものはまだ到来していない。そこで聖書によると、この世の人生は、私たちが神の国に到達するための旅路なのである。神の国そのものは「生ける神の都、天のエルサレム」（ヘブライ一二・二二）、「新しい天と新しい地」（黙示二一・一）などとも呼ばれている。この世ですでに神の働きを経験している者は、それを道しるべにして神の国を目指すことができる。

信仰の旅は陸路だけではなく、海路によっても行われる。次に引用する聖書の記事において、私たちはそのことを具体的なイメージとしてとらえることができる。

　イエスは、自分を取り囲んでいる群衆を見て、弟子たちに向こう岸に行くように命じられた。（中略）イエスが舟に乗り込まれると、弟子たちも従った。そのとき、湖に激しい嵐が起こり、舟は波にのまれそうになった。イエスは眠っておられた。弟子たちは近寄って起こし、「主よ、助けてください。おぼれそうです」と言った。イエスは言われた。「なぜ怖がるのか。信仰の薄い者たちよ」。そして、起き上がって風と湖とをお叱りになると、すっかり凪《なぎ》になった。人々は驚いて、「いったい、この方はどういう方なのだろう。風や湖さえも従うではないか」と言った。（マタイ八・一八、二三～二七）

イエスは弟子たちに舟に乗って向こう岸に渡ることを命じる。「向こう岸」の原語は πέραν（ペラン）である。「ペラン」は文字通り「向こう岸」「対岸」という意味であるが、マタイは「ペラン」を象徴的な意味で使用しているようである。というのは別の記事（同一四・二二～三三）にも舟で向こう岸を渡るという記述があるが、そこでは「ペラン」の山は、とくに神に近い場所として考えられているからである。[8] したがって、この物語でも「ペラン」は「神に近い場所」というように解釈することは許されるであろう。そこで「ペラン」（向こう岸）を神の国の象徴として理解することにしよう。

「湖」の原語はθάλασσα（タラサ）であり、一般的に「海」または「湖」のことである。このテキストではガリラヤ湖を指しているが、マタイはそのことにあえて触れずに、単に「タラサ」と書いている。ということは、マタイはおそらく「タラサ」という単語をもっと広い意味で、つまり、一般的に「海」という意味で使用しているのであろう。言い換えれば、ここでガリラヤ湖を人生という大海として解釈することができるのである。

ガリラヤ湖（大海）の水および嵐は、弟子たちを脅かす死と闇の力を指している。あるいは嵐は外界の変化によって乱された人間の心自体を意味するともいえる。つまり、神の国に到達するためには死と闇の力の脅威や心の動揺という経験を通過しなければならない。また「舟」は古代から今日に至るまで「教会という小舟」と解釈された。この解釈は妥当であろう。[9]

以上の分析からわかるように、信仰の旅は個人の旅であると同時に教会全体の旅でもある。私たちはキリストと共に教会という舟に乗って、人生という大海を渡るのである。航海の目的地は神の国である。

その途中では嵐が襲うこともあり、その時、弟子たちのように周章《しゅうしょう》狼狽《ろうばい》してまるで信仰を失ったかのような心理に陥ることもある。「一寸先は闇」ということわざもあるように、航海の人生はいつも不安定である。舟底の下には死と闇の力の脅威がひそんでいる。マタイはこのテキストを通してそのことを主張している。しかし、キリストはどのような状況においても平常心を保っている。このキリストの信仰と人格において真実の確かな基盤が認められる。

ところで私たちが人間である以上、死の運命から免れることはできない。したがって、航海をして向こう岸である神の国に到着するということは、今の命を存続させるということではなく、今の命を終わらせて、新しい命として復活するということを意味している。そして私たちはキリストと共に航海するならば、神の国において復活することができる。それゆえ、人生の確かな基盤は、キリスト以外にはない。人生の嵐の時にもキリストは必ず私たちと共にいる。そして、キリストが嵐（心の動揺）を静める。そのことが最大の慰めと希望になる。

ドイツの画家カスパー・フリードリヒ[10]は、「帆船にて」という作品において人生を航海として表現している。乗船している二人の男女は作家とその妻であるといわれている[11]。彼らは、はるか彼方の向こう岸を見つめている。彼らの後ろ姿を通して絵を見ている私たち自身が、彼らと共に遠い向こう岸の光景を想像するのである。そこには霧のかかった教会の塔やその他の建物が見えている。**（口絵2参照）**

フリードリヒは、キリスト教美術の伝統に則《のっと》って、人生を航海にたとえている。この世は永住地ではなく、通過しなければならない世界である。しかも教会の塔などが霧に包まれているように、私たちは神の国を直接見ることはできない。私たちは信仰の目（霊の目）を通してのみ、神の国を垣間見ることができるのである。

ところが実際は、彼らは更にまさった故郷、すなわち天の故郷を熱望していたのです。だから、神は彼らの神と呼ばれることを恥となさいません。神は、彼らのために都を準備されていたからです。（ヘブライ一一・一六）

第二節　仏教の人生論

――キリスト教神学を学ぶのにどうして仏教が登場するの？　仏教はキリスト教とどのように関係があるの？

このような疑問を抱く人もいるかもしれない。いうまでもなく、宗教史的に見れば、仏教はキリスト教と無関係に成立・発展している。また仏教思想はキリスト教思想とは異なる要素を持っている。

しかし、そうであるからこそ、私たちは自分の信仰を仏教という異なる側面からとらえ直すことができる。仏教には非常に厳密な自己理解の方法論がある。それを学ぶことによって、改めてキリスト教思想をより深く理解することができるであろう。まず仏教の基礎となっているゴータマ・ブッダ（釈迦）[12]の教えから始めよう。その基本は、「一切皆苦《いっさいかいく》」「諸行無常《しょぎょうむじょう》」「諸法無我《しょほうむが》」「涅槃寂静《ねはんじゃくじょう》」の四句に要約される（これを一般に四法印と呼ぶ）[13]。

1　一切皆苦

「一切の形成されたものは苦しみである」（一切皆苦）と明らかな知慧《ちえ》をもって観《み》るときに、ひとは苦しみから遠ざかり離れる。これこそ人が清らかになる道である。[14]

一切皆苦とは、この世のすべてが、結局は苦であるという意味である。「苦」は必ずしも苦痛や苦悩だけではなく、自分の思い通りにならないことをも含む。人生には生《しょう》・老・病・死という四つの苦（四苦）がある。老・病・死だけではなく、生（この世に生まれてくること）も苦なのである。これはおそらく誕生時の苦を指し、赤子は狭い産道を通って出てくるので、その時に激しい苦痛を味わうというわけである。そこで赤子の産声は喜びのそれではなく、苦しみのそれであるとされる。[15]

ちなみに「一切皆苦」の認識が、ゴータマ・ブッダの出家の動機であるといわれている。言い換えれば、仏教の真理を体得するためにはまずこの認識が出発点になるということである。以上の四苦に「愛別離苦《あいべつりく》」（愛する人と別れる苦）・「怨憎会苦《おんぞうえく》」（いやな人と会う苦）・「求不得苦《ぐふとくく》」（欲しいものが得られない苦）・「五蘊盛苦《ごうんじょうく》」（すべてのものは苦に満ちているということ）[16]の四つを加えて八苦とする（五蘊についてはのちに説明する）。そこで「四苦八苦」という言葉が一般化された。

このような人生観に対しては「すこぶる悲観的」とか「ネクラ」というような批判もあるかもしれない。しかし、仏教学者末木文美士《すえきふみひこ》の見解によれば、人生の苦悩の面を直視し、それに対処できるのでなければ、宗教思想として力あるものとはなりえない[17]。

この考え方はキリスト教にも応用できるものである。イエスは「悲しむ人々は、幸いである。その人たちは慰められる」（マタイ五・四）と宣言している。ここで誤解してはならないのは、悲しむこと自体が幸いなのではなく、また悲しむ人々がすべて幸いなのではないということである。そうではなくて、人生に苦しみや悲しみが付きものであり、そのことを知っている人々は、神の力を切実に求めるから幸いなのである。というのは、神はそのような人々に必ず慰めを与えるからである。

人生は青春時代が最も美しいといわれるが、青春時代にもそれなりの苦しみや悲しみがある。

若い人々は、今の間に苦労すれば、一定の社会的地位につくことができて、老後は楽になると考える。しかし、当然のことながら、四十代から五十代になってくると、体力、容姿、記憶力は衰え始め、若い頃とは違ったより深刻な苦しみが増えてくる。そうであるから、どのような年代にあっても、人間は苦しみや悲しみから完全に解放されることはない。

したがって、苦しみや悲しみから免れようとするのではなく、心の在り方を変えることによってそのような状態に慣れていくことが肝要である。つまり、幸いな人とは、苦しみや悲しみに無関係な人ではなくて、そのような状態にあっても神の慰めを見いだすことのできる人を指している。

2　諸行無常

「一切の形成されたものは無常である」(諸行無常)と明らかな知慧《ちえ》をもって観《み》るときに、ひとは苦しみから遠ざかり離れる。これこそ人が清らかになる道である。(18)

諸行無常は、世の中のあらゆるものが変化・生滅して留まらないことを意味する。「諸行」とは一切の形成されたものという意味で、「無常」とは永続性がないことである。仏教では一切のものは単独では成立せず、世界の諸物の相互の因縁《いんねん》(因果関係)によって生成し、消滅すると考えられている。因とは内的原因、縁とは外的原因のことである。これを縁起《えんぎ》の法則と呼ぶ。諸行無常は、縁起の法則を示すものである。

そこで永遠の固定的実体は存在しないことになる。つまり、一切のものは因縁によって形成されているにすぎないから、因縁が変化することによって、いずれ分解して、解体してしまう。無常は苦の原因であると考えられている。なぜならば、自分にとって好ましい存在も無常なので、それを永遠に所有することができないからである。また仏教では死後の世界も無常なので、生は輪廻《りんね》し、生と死を繰り返す。この繰り返しは苦である。したがって、輪廻転生《てんしょう》は苦の原因になる。たとえばゴータマ・ブッダは「悪い行ないをした人々は地獄におもむき、善いことをした人々は善いところ（＝天）に生れるであろう」と語っている。[19]

なお諸行無常の思想は、大乗仏教では空《くう》（万物はすべて因縁によって起こる仮の相で、固定的実体がないということ）の思想として発展した。そして日本では『平家物語』の文章によって広く知られている。

祇園精舎《ぎおんしょうじゃ》の鐘のこゑ、諸行無常のひびきあり。沙羅双樹《しゃらそうじゅ》の花の色、盛者必衰《せいじゃひっすい》のことわり（道理）をあらはす。おごれる者（平氏のこと）もひさしからず、ただ春の夜の夢のごとし。[20]

諸行無常の道理は、文学を通して日本人の精神の深い層に浸透している。キリスト教には輪廻転生の死生観がないが、キリスト教の立場からも諸行無常は原則として真理であるといえる。詩編四九編一〇～一三節には次のように書かれている。

人は永遠に生きようか。墓穴を見ずにすむであろうか。人が見ることは、知恵ある者も死に、無知な者、愚かな者と共に滅び、財宝を他人に遺さねばならないということ。自分の名を付けた地所を持っていても、その土の底だけが彼らのとこしえの家、代々に、彼らが住まう所。人間は栄華のうちにとどまることはできない。屠《ほふ》られる獣に等しい。

また詩編九〇編九～一〇節には次のように書かれている。

わたしたちの生涯は（神の）御怒りに消え去り、人生はため息のように消えうせます。人生の年月は七十年程のものです。健やかな人が八十年を数えても、得るところは労苦と災いにすぎません。瞬く間に時は過ぎ、わたしたちは飛び去ります。

聖書には「諸行無常」そのものの教えはないが、これらの箇所ではこの世のすべては生々《しょうじょう》流転《るてん》するということが述べられている。万古不易《ばんこふえき》のものは存在しない。それゆえ、「世も世にあるものも、愛してはいけません」（第一ヨハネ二・一五）という教えがある。この世の万物は過ぎ去っていく（同二・一七）。

ただし、仏教と違って、聖書の神だけは例外である。神だけは永遠の存在であり、縁起の法則を超越している（イザヤ四〇・二八、ローマ一六・二六、第一テモテ六・一五～一六、黙示一・八）。そして、キリスト教では諸行無常の法を深刻に受け止める人だけが永遠の存在・神を切実に求める。永遠の言葉である神の言葉を聞くときに、私たちは永遠の世界を垣間見ることができるのである。「神の御心を行う人は永遠に生き続けます」（第一ヨハネ二・一七）。キリスト教では永遠の世界を求める気持ちが重要なのである。この点においてキリスト教は仏教と異なる。

3　諸法無我

「一切の事物は我《われ》ならざるものである」（諸法非我《ひが》）と明らかな知慧《ちえ》をもって観《み》るときに、ひとは苦しみから遠ざかり離れる。これこそ人が清らかになる道である。(21)

諸法無我は、あらゆる事物には、永遠・不滅な本性である我《が》がないという意味である。「諸法非我」ともいう。「諸法」とは、一切の存在のことである。「無我」とは、サンスクリット語

（多くの大乗仏典で使用されている言語）では「アナートマン」であるが、これは「アートマン」に、否定を意味する「アン」が付いたもので、アートマンの否定を意味する。アートマン（我）とは、インド思想における精神的・永久的実体であり、永遠不滅の霊魂のような実体である。

諸行無常の法（真理）において一切の不変の存在は認められないから、人間のアートマンの実体性も否定されることになる。つまり、諸法無我とは諸行無常を人間存在に当てはめた法である。仏教思想によれば、現在の我（自我）も無常であり、肉体の死と共に滅びる。しかし、人間は現在の我がいつまでも存続することに固執する。それによって苦が生じるというわけである。

またアートマンだけではなく、聖書の神のような永遠の実在も認められないことになる。しかし、この法を素直に受け入れることは困難であろう。次のような批判が予想される。

――この世の現象を観察すれば、確かに諸行無常という法は妥当である。しかし、人間には「心」、つまり、「魂」がある。肉体が滅んでも魂は存続するのではないか。ゴータマ・ブッダの教えは、畢竟《ひっきょう》するに唯物論にほかならないのではないか。

仏教には五蘊《ごうん》説がある。五蘊とは人間存在の五つの構成要素で、色《しき》（物質・身体）・受《じゅ》（対象を感受する作用）・想《そう》（感受された対象を心の中で表象する作用）・行《ぎょう》（その対象に向かって働きかける意志作用）・識《しき》（それらの精神作用を統括する作用・認識）のことである。人間存在はそれらによって成り立っているという。したがって、人間存在もあらゆる事物も五蘊の要素に分解されてしまうので、魂のような永遠不滅の実体はありえないということになる。

　しかし、末木文美士の所見によると、五蘊説は現象世界がアートマンなしでも説明できるということを証明しているかもしれないが、現象を超越した実在が絶対に存在しないとは証明していない[22]。そこで永遠の神の存在を排除しているという点においては、仏教の思想はある種の独断的な教条にすぎないといえる。

　最近の学説によると、原始仏教は人間の主体性としてのアートマンを否定しておらず、社会通念としての「自我」（個としての自我）を否定した。つまり、アナートマンは、「アートマンがない」ということを意味するのではなく、本当のアートマンではないものをアートマンと認めてはいけない（諸法非我）という意味であるとされる。そして、社会通念としての自我に固執することが苦の根本原因であるとされる。

　ところで伝統的なキリスト教では本当の自己の究明という視点が曖昧であった。したがって「諸法非我」という思想は、キリスト教の人間論を見直すために有益である。

4 涅槃寂静

この身は泡沫《うたかた》のごとくであることを知り、かげろうのようなはかない本性のものであると、さとったならば、悪魔の花の矢を断ち切って、死王に見られないところへ行くであろう。(23)

「死王に見られないところ」とは涅槃寂静《ねはんじゃくじょう》のことで、悟りが絶対の静けさであるという意味であり、仏教の究極の目標である。すでに説明したように、一切の苦は自我への固執によって生じるのだから、この身が仮のものであるということに気づくことによって苦は消滅するはずである。ただし、ゴータマ・ブッダは輪廻転生《りんねてんしょう》を認めていたので、この世に再び生まれ変わったのでは、苦は消滅しないことになる。そこで二度とこの世に生まれないことが必要である。それが涅槃寂静である。

引用文にある「悪魔の花の矢」とは輪廻の三界、つまり欲界、色界《しき》、無色界を指す。欲界とは欲望に支配されている世界で六道（天・人間・阿修羅・畜生・餓鬼・地獄）を意味する。色界とは欲界の上に位置し、欲望から離れているが、色（物質）からは解放されていない世界である。無色界とは一切の色（物質）の束縛を離脱した精神世界である。

涅槃（ニルヴァーナ）とは、具体的には苦悩を起こす根源たる欲望の炎が消えて寂静となった状態である。ゴータマ・ブッダは生前、悟りにおいて涅槃の境地に達したとされる。(24)ところが私見によれば、この「涅槃の境地」そのものが曖昧である。ゴータマ・ブッダは生への執着を戒め、再びこの世に戻らないことが涅槃であると語った。しかし、もしも生そのものを否定するならば、涅槃は実質的に虚無の世界であり、ブッダの存在自体がなくなってしまうことになる。それでは唯物論的なニヒリズムと変わらない。キリスト教の立場でいえば、そこには命の光も安らぎも感じられない。そのような境地はあまりにもむなしく、わびしい。

そこで仏教でも涅槃は単なる死ではなく、むしろ「不死」であるとする見解がある。つまり、ゴータマ・ブッダは最初から不死の境地を求めていたのであって、その手段として正しく悟って、人生に対して執着しないという心の状態を形成したというわけである。(25)言い換えれば、ゴータマ・ブッダが戒めた生への執着とは、この世の生への執着に限られるということになる。

そうであるならば、ブッダの主体自体は永遠に不滅であるということになる。ちなみに『法華経』の「如来寿量品《にょらいじゅりょうほん》」では「然《しか》るに、われ（ゴータマ・ブッダ）は実に成仏してより已来《このかた》、久遠《くおん》なること斯《か》くの若《ごと》し（そうであるのに、私は実に成仏してより今日まで永遠に存在している）」(26)と書かれている。しかしそうなると、今度は諸行無常と諸法無我の法に抵触《ていしょく》することになる。これは明らかに自己矛盾に陥る。末木氏自身も「理想とされるべき境地（涅槃）がこのように曖昧だというのは、いかにも奇妙である。しかし、その曖昧さがかえって多様な解釈を可能にし、仏教の多様な発展を促したという結果も生んでいる」[27]と語っている。

私見によれば、救済の論理としてはキリスト教の方が仏教よりも明確である。イエス・キリストは自分を信じる者が永遠の命を獲得することを約束した（ルカ一八・二九～三〇、ヨハネ三・一六、四・一四）。

いずれにせよ、ゴータマ・ブッダの教えを単に知的に理解しただけでは、生き方の変革につながらない。諸行無常に関する簡潔な言葉を毎日繰り返して唱えることにより、この法は自分自身の生活に溶け込んでくる。仏教徒は『涅槃経』に書かれている「雪山偈《せっせんげ》」あるいは「諸行無常偈」と呼ばれる偈（経文で、仏徳をたたえ、または教えを説く詩）を定期的に唱えて自己の無常を確認する。

「諸行無常（諸行は無常なり）　是生滅法《ぜしょうめっぽう》（これ生滅の法）
生滅滅已《めつい》（生滅が滅し終わり）　寂滅為楽《じゃくめついらく》（寂滅楽となる）」[28]

（現代語訳）諸行（一切の形成されたもの）は無常であり、生じては滅するというのが真理である。そこで生じては滅するということ自体が終わると、人間の心は寂滅楽（迷いの世界を離れて楽しむこと）となる。

ちなみに「いろは歌」はこの偈を詠んだものであるとされる。また俳諧師松尾芭蕉は次のような句を詠んでいる。

無常迅速
やがて死ぬ　けしきは見えず　蝉《せみ》の声
（現代語訳）まもなく死ぬ様子などみじんも見えず、蝉は根限《こん》り、ただひたすらに鳴きしきっている。

「無常迅速」は芭蕉が常に好んで用いた語である。蝉の地上の命は約一ヶ月といわれる。この短い期間を懸命に生きる蝉の声に「無常迅速」の本質があるというわけである。この句で芭蕉は世間から「常住ならぬ身を蝉声に知れる人」とも評された(29)。

私見によれば、芭蕉は鳴いている蝉の声を客観的に聞いているのではない。「やがて死ぬけしきは見えず」とは彼自身の境涯を表現しているようである。すなわち、「自分自身もやがて死んでいく身であり、臨終の際には周囲の景色も見えなくなってしまう。そして蝉の声だけが聞こえている」。彼はこのような状態をあらかじめ予想して、蝉の生を自分自身のそれと重ね合わせているのであろう。

ここからわかるように、芭蕉は自然の無常を自分の無常としてとらえ直して、その境地を俳諧として表現している。実に深遠な人生哲学が提示されているのである。

床屋談義【現代神学の全体像】

神学という学問に親しむために、現代神学の全体像（構造）を必要最小限度に整理して説明しておく。それは次のようなものである。

組織神学―護教学（弁証論）、教義学、倫理学
聖書神学―旧約神学（旧約学）、新約神学（新約学）
歴史神学―教会史、教理史（教義史）
実践神学―礼拝学、説教学、牧会学

【組織神学】

現代神学はこのように大きく四つの部門に分かれている。その中で組織神学が最も古い。元来は、単に「神学」と呼ばれていた。神学の起源は護教学（キリスト教に対する誤解を解くために、キリスト教信仰の正当性を擁護する学問。弁証論ともいう）であったが、古代から中世にかけて教義学が神学の中心になった。ちなみにオリゲネス（一八五頃～二五四頃）の『諸原理について』（De Principiis）は最初のキリスト教教義学であるといわれている。

教義学は文字通りキリスト教の教義を体系的に研究する学問である。また倫理学は聖書に書かれている倫理的な内容を体系的に研究する学問である。倫理学は具体的な信仰の在り方を扱う学問であるから、観念に凝り固まった信仰を修正する役割を果たす。本書の主なテーマは、教義学と倫理学の分野に属する。

「教義」の語源はギリシア語の「ドグマ」δόγμα である。これは「見解」という意味であるが、後期ギリシア哲学の諸学派においては、特定の学派の伝統として承認された特定の教説を意味した。そして、教会はこの概念に基づいて、「ドグマ」を教会の正式な教えという意味で使用するようになった。

そもそも新約聖書においてキリストや救済に関する教説、つまり、ドグマの原型は存在している。しかし、教会が異端の脅威にさらされたとき、聖書の信仰をそれから防御する手段が必要である。そのためにはある程度論理的な形式を備えた文章が求められる。また福音の宣教のためにもそのような文章があった方が便利である。それがドグマである。

【聖書神学】

聖書神学は、今日《こんにち》では「聖書学」という名称で呼ばれることが多い。ヨーロッパでは近代まで聖書の研究は神学（教義学）の分野において行われていた。しかし、ガーブラー Johann

Philipp Gabler（一七五三〜一八二六）が聖書を文献学と歴史学の方法論で研究し、それによって聖書学は神学から独立して成立した。文献学とは、簡単にいえば、ある文献の成立過程を客観的に研究する学問である。そして、聖書学は旧約学と新約学とに分かれ、各々別個に研究されている。

それまでの教会の教えによれば、聖書はそれ自体が「神の言葉」であり、「すべて神の霊の導きの下に」（第二テモテ三・一六）書かれた書物であるということになっていた。つまり、聖書の言葉と神の言葉との間に区別がなかった。しかし、聖書の文献学的研究により、聖書の各文書は直接には人間の手によって書かれたものであり、そこには人間の思想が表現されているということがわかってきた。たとえば、マタイ福音書とルカ福音書とを比較すると、両者には明らかに思想の相違が認められる。

したがって、聖書を読む場合には、各文書の思想の特色をわきまえながら、テキストの内容を理解する必要がある。なお旧約聖書と新約聖書における思想の特色を体系的に整理した学問は、各々旧約聖書神学、新約聖書神学と呼ばれている。

【歴史神学】

歴史神学には主に教会史と教理史の分野がある。教会史とは、教会（キリスト教）成立以来の教会の歴史を教会の内側と外側の両側から史学的神学的観点より把握し考究する学問をいう。しばしばキリスト教は歴史の宗教であるといわれる。すなわち、キリスト教徒は教会の歴史を通して神がこの世に働きかけているということを信じている。

それゆえ、神学のみならず、一般信徒の信仰にとっても教会史は重大な意味を持っているはずである。また教理史（教義史）は、各時代に決定されてきた教義や教理を整理して、その神学的な意味を解釈する学問である。

なお多くのプロテスタントは教理を教義（教会の正式な教え）の意味で使用しているが、カトリックは両者を区別している。すなわち教理（doctrine）とは、信者が認める必要があるものとして教会が教えるすべての真理である。教義（dogma）とは、神から正式に啓示されたものとして教会が提示する教理である。

【実践神学】

実践神学は、組織神学、聖書神学、歴史神学における研究成果を踏まえて、福音伝道や牧会（司牧）を適切に行うための学問である。文字通り実践的な要素が強い。

説教学は牧師（司祭）が礼拝で神の言葉を取り次ぐための手引きとなる学問である。そのために過去のすぐれた説教の事例を学ばねばならない。それと同時に現代社会に受け入れられるような説教の在り方も研究する必要がある。

礼拝学は各教派の礼拝の形式と内容を歴史的に研究する学問である。信徒はほかの教派における礼拝の実態を理解することによって、自分の所属する教会の長所と短所を知ることができる。

牧会学は牧師が信徒を導く方法を研究する学問である。カトリック教会では牧会は「司牧」と呼ばれている。現代になって臨床心理学の方法論が牧会学に応用され、「牧会カウンセリング」という用語も使用されている。

第二章　神について　De Deo

この章ではまず現実の人間存在を哲学的・神学的に分析し、そのような人間にとって神がいかなる存在であるのかを考察する。すなわち、神のみではなく、神と人間の関係を視野に入れる。言い換えれば、人間存在との対比で神を考え、また神との対比で人間存在を考える。

第一節　神と人間

1　神の偉大さと人間の弱さ

いうまでもなく、私たちは天体を観察・分析するように神それ自体を科学的に観察・分析することはできない。また人間の声を聞くように神の声を聞くことはできない。したがってもし私たちが神そのものを考察しようとするならば、大きな落とし穴に転落するおそれがある。自分勝手な神の観念を捏造《ねつぞう》する危険性がある。

私たちが神について語る場合、必ず世界との関係で語らねばならない。すなわち、世界にとって神はいかなる存在なのかを考えることが大切である。この問題に関してゲルハルト・エーベリング（一九一二～二〇〇一。ドイツ生まれのプロテスタントの神学者）は、「神の存在は世界の存在と並んで、分離されるものではなく、神と世界との共存（Zusammensein）である」[30]と述べている。

Zusammensein《ツザメンザイン》とは「一緒にいるということ」を意味する。また世界とは、自然世界と人間世界の両方を含む。私たちは往々にして神を世界から切り離して、神のみを考えようとする。しかし聖書の神はそのような存在ではない。そもそも聖書の思想によれば、神は全世界、すなわち宇宙の万物を創造した（創世一・一～二・四、イザヤ四二・五）。つまり神と無関係なものは存在しない。

第一章第一節で述べたように、自然世界の活動を注意深く見ることによって、神の国が現れてくる（二二頁）。また人間世界を通しても神の働きを見ることができる。なかんずく人間世界を抜きにして神を考えることはできない。そこで神に接近するためにはまず人間存在から入ることが適切である。それに関して、ブレーズ・パスカル（一六二三～一六六二。フランスの哲学者、数学者、物理学者）は、『パンセ』において次のように述べている。

人間はひとくきの葦《あし》にすぎない。自然のなかで最も弱いものである。だが、それは考える葦である。彼をおしつぶすために、宇宙全体が武装するには及ばない。蒸気や一滴の水でも彼を殺すのに十分である。だが、たとい宇宙が彼をおしつぶしても、人間は彼を殺すものより尊いだろう。なぜなら、彼は自分が死ぬことと、宇宙の自分に対する優勢を知っているからである。宇宙は何も知らない。だから、われわれの尊厳のすべては、考えることのなかにある。（中略）だから、よく考えることを努めよう。ここに道徳の原理がある。(31)

人間は自然の内で最も弱い存在であるが、同時に考えることにおいて尊い存在である。ここで考えるということは、どういう意味であろうか。

パスカルは『パンセ』において「道理をわきまえたと呼びうるのは、ただ二つの種類の人しかなく、それは、神を知っているために心を尽くして神に仕えている人々と、神を知らないために心を尽くして神を求めている人々である」(32)といっている。すなわち、パスカルにとって考えるということは、単に理性によって世界を知ろうとするということだけではなく、神をも求め、神との関係で自分の本当の姿を知ろうとすることでもある。人間は神を求めることによって尊い存在となる。

そして神を正しく理解するためにはまず旧約聖書の神の観念を念頭に置かなければならない。キリスト教は旧約聖書の神の観念を受け継いでいるので、旧約聖書の神と新約聖書の神は同一であるということになる。そして旧約聖書のイザヤ書は、神の偉大さと人間の弱さを次のように強調している。

　主《しゅ》の栄光がこうして現れるのを肉なる者は共に見る。主の口がこう宣言される。呼びかけよ、と声は言う。わたしは言う、何と呼びかけたらよいのか、と。肉なる者は皆、草に等しい。永らえても、すべては野の花のようなもの。草は枯れ、花はしぼむ。主の風が吹きつけたのだ。この民は草に等しい。草は枯れ、花はしぼむが、わたしたちの神の言葉はとこしえに立つ。（四〇・五〜八）

【図1　神と人間の自己】

神 ⇅ 人間

（神を知り、ありのままの自己を知る。
どちらが先であるかは一概にはいえない。）

ここで「主」とはイスラエルの神、旧約聖書の神である。この神は宇宙の万物を創造し、また人間の命《いのち》をも造った（創世一・一〜二・四、イザヤ四二・五、四五・一二）。そこでキリスト教においても神はあらゆる命の根源になっている（ローマ一一・三六）。

「肉なる者」とは人間存在を指す。創造主である神の目から見れば、人間存在は草のように弱いものである。イスラエルでは砂漠の熱風が吹くと、野原の草花はたちまち枯れ、ドライフラワーのようになるという。私たち人間もそのようにはかないものであるということである。それに対して神の言葉は永遠である。なぜなら、神自身が永遠の存在であるからである（新約聖書の第一ペトロ書は、イザヤ書四〇章五～八節に基づいて人間の弱さとその状態からの救いを教えている）。

イスラエルの王である主、イスラエルを贖《あがな》う万軍の主は、こう言われる。わたしは初めであり、終わりである。わたしをおいて神はない。（イザヤ四四・六）

神を信じるためには何らかの次元で神と出会うという経験が必要である。その出会いのためにはまず私たちの存在が弱くはかないものであるということを自覚し、同時に神が永遠に生きる偉大な存在であるということに気づかねばならない。言い換えれば、私たちは自分が弱いものであることを自覚することによって、神の偉大さに気づくであろうし、また反対に神の偉大さを知ることによって、自分の弱さを自覚するであろう。このように私たちが自分自身を知ることと神を知ることとは表裏一体の関係にある。

カスパー・フリードリヒの「海辺の修道士」という絵では、黒の衣を着た修道士が、三色のゾーンに分割された自然風景に向かって立っている。白い砂丘は三角形になっている。この人物は、唯一、垂直の存在である。暗い海と低く垂れ込めた雲。修道士は自分の卑小さを自覚することによって、宇宙の偉大さに気づく。**（口絵3参照）**

2　虚無からの解放

もう少し人間存在の現実について考えてみよう。現代社会において自分の弱さとむなしさを感じるということは、ネガティブな感情として嫌われる傾向にある。しかし、すでに考察したように、この感情を抑圧せずに、ありのままに見つめることが肝要である。

たとえばAさんは、普段から自分自身の存在が根本的に不安定であると感じている。そしてある教会を訪ねて、牧師に自分の気持ちを打ち明ける。

――私は死んだあとの世界に希望を抱くことができません。死後の世界を想像するとゾットして背筋が寒くなります。私は唯物論者ではありません。魂というものはあるような気がします。しかし、死んだあと、天使に助けられて、明るい天国に行けるということを信じることはできません。

自分の魂だけがポツンと一人残されて、音のない暗闇の世界に永久に閉じ込められてしまうような気がするのです。それは何か宇宙空間のような空虚な世界です。そのように考えると、人生そのものがむなしいものにすぎず、何の希望も持てなくなるのです。

このような悩みを聞いたとき、牧師はどのように答えるであろうか。Aさんの心境は決して特殊なものではない。どのような境遇にある人であっても、自分の存在の根本を真面目に突き詰めていけば、自分が結局Aさんと同じような存在であることに気づくであろう。

Aさんの悩みは政治や経済によって解決されるものではない。たとえマルクス主義者がいうように、平等な社会が実現して、どれほど物質的に豊かになったとしても、それで心が平安になるわけではない。自分という存在そのものは、相変わらず空虚である。

この問題は近代になって「ニヒリズム」（虚無主義）という思想として知られるようになった。クラウス・リーゼンフーバー（一九三八～。ドイツ生まれのカトリックの神学者）の所見によれば、近代のニヒリズムとは、人間が信仰を通して現実を見ることができなくなり、自分の存在を全体的に支える根底（神）が失われてしまっているという世界観である。すなわち、心底から生きているという充実感がなく、自分の存在が無の中に解消されてしまうという感情である。したがってニヒリズムは、各人にネガティブな生の感情として現れてくる。(33)Aさんの告白はその一つの事例である。

人間には本来、永遠の存在や永遠の真理への宗教的憧憬《しょうけい》がある。人間は宗教的欲求を満たさない限り、永続する心の平安を得ることはできないのである。宗教的欲求とは永遠の命を獲得することである。もちろん誰でも人生には限りがあるから、一度は死ななければならない。しかしキリストを信じる者は、死後に永遠の命を得ることができる(ヨハネ三・一六)。そのような保証があるから、キリストを信じる者は、この世において永遠の存在を信じ、その存在に包まれることができる。

ただし、人間は単に永遠に生きられるから安心するわけではない。仮に永遠に生きられるとしても、死後の世界が地獄のような暗黒世界であるならば、人間はむしろそのような永遠の命を拒否するであろう。

それではキリストが約束する永遠の命とは何か。それは簡単にいえば、自分という存在がいつまでも確かなものであるということである。多くの人々にとって地獄の責め苦と同じくらい恐ろしいのは自分の存在が消滅することである。私たちは生まれてから現在まで自分の存在を大前提にして生きている。自分が存在するからこそ、家族、財産、社会的地位などが成立し、楽しみや苦しみを感じる。それゆえ、自分が完全に無に帰すること、すなわち虚無の状態こそが最も恐るべき世界なのである。

第一章第二節で述べたように、「諸法非我」とは本当の自己でないものを自己としてはいけないという教えであった。キリスト教の立場でいうと、本当の自己とは、神に支えられ、神と結びついた自己である。それを見いだすためには、現在の自分の状態（虚無の状態）をありのままに見つめることが大切である。

第二節　神との出会い

深い淵の底から、主よ、あなたを呼びます。主よ、この声を聞き取ってください。嘆き祈るわたしの声に耳を傾けてください。（詩一三〇・一～二）

1　実在的自覚

この世界に生きること

いうまでもなく、キリスト教において死後の救済は重要な問題である。しかし救済はそれだけに留まらない。むしろ永遠の命を約束する神との出会いによって、今、生きている世界そのものが美しく輝き出すのである。言い換えれば、キリスト教の救いには、私たちがこの世界に確かに生きているという実在感を抱くことが本質的に含まれている。

私たちが自己の実在を確実にするためには、自分自身だけを見つめていても仕方がない（もちろん周りの現象に惑わされず、自己を反省することは大切である）。常識的な見地によれば、私たちの周囲の世界は、私たちから別個にあり、私たちはそれを客観的に認識している。しかし、実はそのような見方は錯覚なのである。私たちは自分の意識の内側で周囲の世界を見ているにすぎない。つまり、周囲の「客観的世界」と思い込んでいる事柄はすべて私たちの意識の内にある世界なのである。

たとえば、自分自身の心が明るければ、周囲の世界も明るく見えるが、その反対に自分自身の心が暗ければ、周囲の世界も暗く見える。それはなぜかというと、自分の実在と周囲の世界が一体であって、両者を切り離すことができないからである。それに関連してドストエフスキーの『死の家の記録』の一部を紹介する。主人公のゴリャンチコフは、妻殺しの冤罪《えんざい》で懲役一〇年の判決によりシベリアの監獄に送られる。そして彼はある河の岸辺で煉瓦《れんが》運びの作業中、荒涼たる平野を観察していると、「神の世界が見えた」という。

河岸に立てばすべてを忘れることができた。そして、囚人が牢獄の窓から自由な世界を見るように、わたしは岸辺に立って、この果てしない、荒涼としたひろがりを眺めたものである。わたしにとって、そこにあるすべてのものが貴《とうと》く、そしていとおしかった。果てしない紺碧《こんぺき》の大空にかがやく明るい熱い太陽も、遠い対岸キルギスから流れてくるキルギスの歌ごえも。（中略）早春のある日、岸の岩の裂け目にふと見つけた、しおれかけたあわれな一輪の草花でさえ、なにか痛ましくわたしの注意をとめるのだった。(34)

ここで叙述された光景は平凡であり、とくに神秘的なものではない。それにもかかわらず、ゴリャンチコフはなぜ「神の世界が見えた」と断言しているのであろうか。それは彼が周囲の世界の実在性、つまり確かにそこに存在するという事実に気づいたからであろう。普段は注意を払わない一輪の草花でさえも「生きている」ことに彼は気づいた。この気づきは当然のようであるが、実はそうではない。私たちは毎日の生活に追われていて、周囲の世界の現実存在を軽視している。しかし、世界の実在に気づいたとき、はじめて私たちは自分自身の実在を確信することができるのである。神が私たちと周囲の世界の実在を支えているという確信である。その場合、もはやこの世と自分の明確な区別はなくなっている。このような自覚は、「野の花がどのようにして育つのか、注意してみなさい」（マタイ六・二八）というイエスの言葉と通じるものがある。神の世界に入る入り口はこのような経験である。

旧約聖書の証言

以上のような「実在的自覚」は、旧約聖書の次のような言葉に認められる。

あなたは地に臨んで水を与え、豊かさを加えられます。神の水路は水をたたえ、地は穀物を備えます。あなたがそのように地を備え、畝《うね》を潤し、土をならし、豊かな雨を注いで柔らかにし、芽生えたものを祝福してくださるからです。あなたは豊作の年を冠として地に授けられます。あなたの過ぎ行かれる跡には油が滴っています。荒れ野の原にも滴り、どの丘も喜びを帯とし、牧場は羊の群れに装われ、谷は麦に覆われています。ものみな歌い、喜びの叫びをあげています。(詩編六五・一〇〜一四)

古代の地中海世界では大地を神格化し、大地の神が人間に作物の収穫を与えるという信仰があった。しかし、イスラエルの人々はそのように考えなかった。大自然を創造したイスラエルの神の恵みによって収穫はもたらされる。イスラエルはこの信仰を通して大自然を見直している。

「油」とはおそらくオリーブの木の実からとられたものであろう。これは特別の力をそなえる物質と見なされてきた。ただしここでいう油は神の霊の象徴である（サムエル上一六・一三）。信仰を通して環境世界を見直すと、そこには神の霊が働き、喜びの声が響きわたっていることに気づく。それによって私たちは自分が現実に生きているという実在的自覚を抱くことができるのである。

なおイザヤ書四一章一七〜二〇節、五五章一二〜一三節においても、自然現象を通して神のしるしが示されている。**（口絵4参照）**

2　神の啓示（神の顕現）

キリスト教は啓示の宗教であるといわれている。「啓示」（revelation）とは、人間に隠されていた神が自ら人間にその存在と本質を示し、計画と意志を明らかにし、また力と栄光を現すということである（ローマ一・一七、一六・二五、ガラテヤ一・一二、ヘブライ一・一〜五）。神の本質は元来、人間に隠されている（イザヤ四五・一五、ヨハネ一・一八、第一テモテ六・一六）。なぜならば、神そのものは人間の知性の限界を超えているからである。しかも人間は神に離反して生きていて、神を知る方法を見失っているからである。

すでに述べたように、環境世界の中に神の働きを感じるように注意しなければならない。しかしその場合にもまず先に神が自分を示すという行為がなければ、人間は神を知ることはできないのである。そこで神と人間との出会いのためには神の啓示が大前提になる。

モーセに対する啓示

ここで旧約聖書における実例を取りあげる。その場合、注意しなければならないことがある。創世記には族長（アブラハム、イサク、ヤコブなど）に対する神の啓示があるが、創世記の記事は史実ではないという有力な学説がある。族長の実在性を疑う必要はないが、この学説を考慮すると、モーセの時代からイスラエルの歴史は始まると考えるのが妥当であろう。そこでモーセに対する神の出現の物語（出エジプト記三章一節以下）が最初の啓示の出来事であるということになろう。この物語ではモーセがホレブ（一説によると、それはシナイ山を意味する）に来たとき（三・一）、次のような経験をした。

柴の間に燃え上がっている炎の中に主《しゅ》の御使いが現れた。彼が見ると、見よ、柴は火に燃えているのに、柴は燃え尽きない。モーセは言った。「道をそれて、この不思議な光景を見届けよう。どうしてあの柴は燃え尽きないのだろう」。（三・二〜三）

主とはイスラエルの神、聖書の神のことである。ここで神が天使を媒介にして人間のもとに来るのである。[35] これが神の啓示である。

また出エジプト記三章一四節以下に書かれているように、神は啓示において自分の名前をモーセに告知する。

「わたしはある。わたしはあるという者だ」と言い、また、「イスラエルの人々にこう言うがよい。『わたしはある』という方がわたしをあなたたちに遣わされたのだと」。

「わたしはある。わたしはあるという者だ」という言葉はどういう意味だろうか。ここでは二つの意味が考えられる。第一に神は「現に生きて働く者としてある」と解されている。神が生きて働く者としてあるということは、誰に対しても、どこにでもというように、神の存在がすべての人々に対して開かれているということである。

第二に「私は、私があろうとする者である。私は、私がなろうとする者になる」と解されている。つまり、神が何であるか、何となるかは、神自身が決めることであり、何にもとらわれないという神の自由が神自身によって宣言されているわけである。[36] ここで神は自分の名前を明らかにしなかったが、続く一五節では神は次のようにモーセに宣言している。

イスラエルの人々にこう言うがよい。あなたたちの先祖の神、アブラハムの神、イサクの神、ヤコブの神である主がわたしをあなたたちのもとに遣わされた。
これこそ、とこしえにわたしの名
これこそ、世々にわたしの呼び名。

「主」とは原文では「ヤハウェ」である。これがイスラエルの神の名前であるが、コンテキストを考えると、この「ヤハウェ」という名前は、一四節の「わたしはある。わたしはあるという者だ」という言葉と密接に関連している。すなわち、神が何であるのかは、人間ではなく、神が決めることであり、またその名前も神自身が決めるということである。ちなみにエーミール・ブルンナー（一八八九～一九六六。スイスのプロテスタントの神学者）の解説によると、聖書の神は「比較できない者」、それゆえ、「定義できない者、名指しされない者」である。(37)

聖書の神は、時と場所に応じてその都度現れ、またその都度自分の名前を自分が選んだ人物（預言者など）に告知する。人間は自分の勝手な空想で神の観念を形成することは許されない。その都度示された神の名前を受け入れるほかはない。

したがって、ここで表明された「ヤハウェ」という名前も、便宜的・暫定的なものであるということではなかろうか。新約聖書の著者がそのことを意識していたのかどうかはわからないが、新約聖書では「ヤハウェ」の名前は全く登場しない。キリスト教の神はもはや「ヤハウェ」と呼ばれず、その代わりに「父」という名前で呼ばれる（マタイ五・四五～四八、ローマ一・七）。

このように新約聖書の時代になると、神の名前は変化しているが、「わたしはある。わたしはあるという者だ」（私は、私があろうとする者である。私は、私がなろうとする者になる）という神の言葉は、永遠に変わることのない神の本質を表現しているといえる。

キリストの出現

旧約聖書における神の啓示は、モーセなどの預言者を通してのみ実現する。しかも預言者も神の姿を見ることは許されていない（出エジプト三三・一八～二三）。

新約聖書でも同様であり、ヨハネ福音書に書かれているように、人間は神それ自体を見ることはできない。そこで神の本質を持つキリスト自身が人間となって、この世で生活した。つまり、キリストを通して神が人間に示された（一・一四、一八）。キリストにおいて神自身が人間に近づき、人間との交わりを実現した。

ただし人間が神との交わりを始めるためには、キリストによる罪の贖《あがな》いのわざが必要である（ローマ三・二三～二四）。罪の贖い（贖罪《しょくざい》）とは、神が人間を罪の支配から解放するということである。第三章で詳しく述べるが、罪とは神から背を向けて生きることである。誰でも神から離れようとする傾向があり、そのため、神の意志にかなった行動をとることができない。人間は自分の力で神の意志に合致することはできないのである。

したがって、人間は律法の行いによってではなく、神の恵みを信じることによってのみ義とされるから（ローマ三・二八、五・一）、自分の義を神に主張したり、自分の力で自分を救うために信仰の働きを行うべきではない。律法とは旧約聖書で定められた神の掟《おきて》である。

しかし、他方でキリストは「神を愛すること」および「隣人を愛すること」が最も重要な二つの「掟」であると教えている（マルコ一二・二八～三一）。「掟」の原語はἐντολή（エントレー）であり、これは神の命令、戒め、定めという意味である。一般に律法の一つひとつの命令を指す。よって新約聖書においても「律法」という形式が無用のものになったわけではない。

それはなぜかというと、律法は内実を伴った信仰生活の継続のために不可欠なものであるからである。すなわち、信仰とは観念的に神の存在を信じることではなく、具体的に神の恵みに感謝してそれに応答することである。言い換えれば、神に聖別された（聖なるものとして区別された）者にふさわしい生き方をすることである。そのような生き方を続けないならば、人間は一度経験した救いの恵みを忘却し、再び神から離反していくことになるであろう。そこで信仰生活は無条件に自由ではなく、律法的な規則に制約されねばならない。

ただし、キリスト教的な律法は、旧約的な律法主義（律法の実行によって救われるという考え方）と区別されねばならない。キリスト教の律法はあくまで信仰の内容であり、神を信じるということは、キリストに従うという行動を伴うものである。それは祈り、礼拝、賛美などの身体的活動として表現される。

第三節　三位一体

1　概説

キリスト教では神の啓示は三位一体《さんみいったい》という方法で実現する。三位一体とは、ラテン語のtrinitas（トゥリニタス）の訳語である。神は三つのペルソナ（位格）を持ちながら、実体（本質）においては一つであるという教理である。ペルソナとは、表現形式・存在の仕方を意味する。父は子と聖霊の源であるというペルソナ（表現形式）を持っている。また子は父から生まれ、歴史的人物としてのイエスになったというペルソナを持っている。そして聖霊は父から発出し、人間に働きかけ、イエスの人格を映し出すというペルソナを持っている。

私たちは神そのものを見ることはできないが（ヨハネ一・一八）、子なるキリストのペルソナを通して神と出会うことができるのである。なぜならば、キリストは神性を持ちながら、私たちと同じ人性（人間性）を受け取ったからである（同一・一四）。それゆえ私たちが知りうる神とは、超越的・絶対的な神そのものではなく、人間世界に到来した神、つまり、人間となった神なのである。したがって私たちは、人間となった神であるキリストの言葉を通して神の命《いのち》に触れることができるのである。

【図2 三位一体】

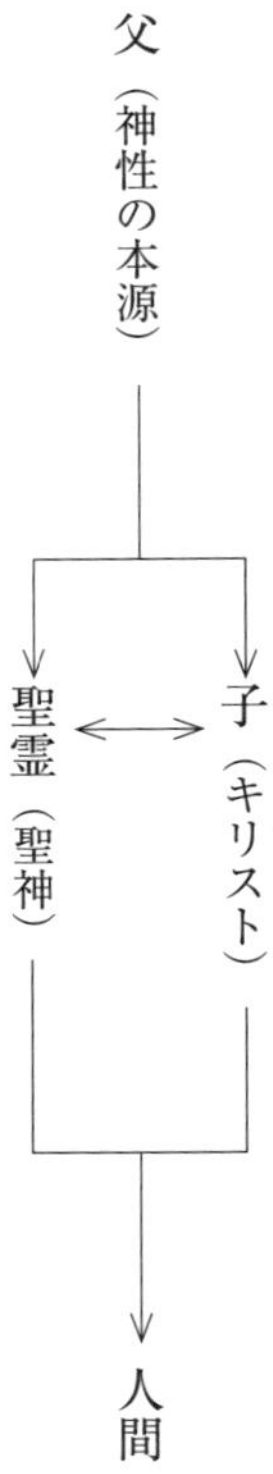

（注）神性は本源の父から子と聖霊に与えられている。子と聖霊は神性によって交わっている。そして両者は一体となって、人間に働きかける。東方正教会では聖霊は「聖神」と呼ばれている。

キリストは復活・昇天後、神の国に住んでいるが、現在も聖霊を通してこの世で活動している。子と聖霊は渾然一体となって人間に働きかけるから、人間の側から見れば、聖霊はキリストの霊として受け取られる（ローマ八・九）。聖霊は人間に直接働きかける神であり、いつもキリストのペルソナを映し出している。したがって、私たちは聖霊を通してキリストとの交流を持つことができるのである。

2　聖書の証言

新約聖書の著者、すなわち、原始キリスト教の指導者たちは、まだ「三位一体」という術語を使用していない。またそれを体系的に論じることもしなかったが、実質的に三位一体の基礎となる信仰を持っていた。たとえばそれは、次のような聖書の箇所に見いだされる。

「だから、あなたがたは行って、すべての民をわたしの弟子にしなさい。彼らに父と子と聖霊の名によって洗礼を授け、あなたがたに命じておいたことをすべて守るように教えなさい。わたしは世の終わりまで、いつもあなたがたと共にいる」。（マタイ二八・一九～二〇）

「わたし」とは復活したイエスのことであり、「あなたがた」とはイエスの弟子のことである。果たしてこれがイエス自身の言葉であるかどうかは不明であるが、いずれにせよ原始キリスト教の時代には、教会はすでに「父と子と聖霊」の名によって洗礼を授けていた。

主《しゅ》イエス・キリストの恵み、神の愛、聖霊の交わりが、あなたがた一同と共にあるように。
（第二コリント一三・一三）

ここで神とは父なる神を指す。祈りの言葉において父と子（キリスト）と聖霊が信仰の対象であることが示されている。礼拝の最後の祝祷は、この言葉に基づいて作成されている。

御子は、神の栄光の反映であり、神の本質の完全な現れであって、万物を御自分の力ある言葉によって支えておられます。（ヘブライ一・三）

御子とは神の子キリストのことである。ここではキリストが神の本質を持っていることが明示されている。

このために、ユダヤ人たちは、ますますイエスを殺そうとねらうようになった。イエスが安息日を破るだけでなく、神を御自分の父と呼んで、御自身を神と等しい者とされたからである。（ヨハネ五・一八）

（復活したイエスは）そう言ってから、彼ら（弟子たち）に息を吹きかけて言われた。「聖霊

を受けなさい」。(同二〇・二二)

ヨハネ福音書でもイエスが神(父)の本質を持っていることが明言されている。また聖霊はイエスから発出しているから、やはり神の本質を有している。

以上、考察したように、父と子と聖霊は神の本質において等しい。そして、神は父と子と聖霊という三つのペルソナを持っている。したがって、このような聖書の思想を体系的に構築すると、三位一体という教えになるのである。

3　三位一体の信仰

私たちは最初から無理矢理に三位一体という教えを信じる必要はない。しかし、聖書の証言に従って、キリストと聖霊を信じるならば、結果としてキリスト教の信仰は三位一体の信仰にならざるをえないのである。

それでは三位一体は日常の信仰生活とどのように関係するのか。イエスは弟子たちに祈りの模範を教えているが(マタイ六・九〜一三)、後に教会はそれをもとにして「主の祈り」という祈祷文を作成した。これは「天にまします我らの父よ、願わくはみ名をあがめさせたまえ」という文章で始まる。

イエスは聖書の神を「父」と呼んでいる（同五・四五、四八）。私たちはそれにならって神を「父」と呼ぶことが許されている。おそらく大半の日本人は、神仏に祈るとき、最初に祈る相手としての神や仏の名前を呼ぶことをしないであろう。なかんずく神社の神の名前には無関心である。しかし、本気で神に祈る気持ちがあるならば、やはり相手の神の名前を知って、その名前を呼びかける方が良い。そうしないと、どの神に呼びかけているかがわからない。

祈りは独り言《ひとごと》ではなく、神との対話である。人間関係も対話によってはじめて成立する。したがって、キリスト者は神に祈るとき、まず「天にまします我らの父よ」と神に呼びかける。それによってはじめて神との交流が始まるのである。父という名前は、いうまでもなく三位一体における父のペルソナを指している。

そしてキリスト者は、「この祈りを父と子と聖霊の御名《みな》によってお捧げいたします」という言葉で祈りを終わらせる。プロテスタントの場合には一般的に「この祈りを我らの主イエス・キリストの御名によってお捧げいたします」という言葉で終わらせる。すでに述べたように、神の本質そのものは人間の理解を超えているから、人間は子なるキリストを通してのみ父を知るのである（ヨハネ一四・六〜七）。

そして神と人間との交流の媒介となるのが、聖霊である。私たちはもはや肉体を持ったキリストに出会うことはできない。そこで聖霊が私たちを助けて、キリストの人格に触れるように導く（第一コリント一二・三）。そこで信仰者はいつも祈りにおいて聖霊を自分の中に招き入れ、自分の体を聖霊の住む神殿にしなければならない（同六・一九）。

ここからわかるように、キリスト者は無意識の内に三位一体の教えに基づいて神を信じているのである。**（口絵5参照）**

【補足】

神が父であるというのは、父親の役割が神の本性に関する理解を助けるということであり、神そのものが男性であるという意味ではない。古代のイスラエルでは、父親の役割とは家族の生活を支えることであった。

神の本性に性別はない。「父」という名前は、あくまで一つの比喩的表現であり、厳密な概念ではない。したがって、神の名前は時代や文化によって変わる可能性を持っている。

イギリスの神秘思想家ノリッジのジュリアナ（一三四二頃～一四一三以降）は、彼女の幻視体験について「私は見た。神は我々の父であることを喜ばれる。また我々の母であることをも喜ばれる」と解説している。

なお神が三つのペルソナを持ちながら、なぜ一人なのかという疑問が生じるはずである。しかし、おそらくこの疑問を論理的に解決することはできないであろう。唯一の答えは新約聖書の証言にある。

キリストは神の本質を持ち、神の子であったが、人間の救済のために人間そのものになり、この世で多くの苦難を経験した。そして現実の人間として神を愛し、神の意志に徹底的に従った。その行動は十字架の極限においても変わらなかった（マタイ二六・四二、ヨハネ一九・三〇、フィリピ二・六～八）。また父（神）もキリストを愛し、その人格を全面的に信頼した（マタイ一七・五）。そこで十字架の死後、キリストを復活させ、天において神の主権を与えた（エフェソ一・二〇～二一、フィリピ二・九）。それゆえキリストの信仰と愛において神とキリストは一致しているのである。

また聖霊はキリストの活動を助けるために父から遣わされ、キリストと一体になった（マタイ三・一六）。そこで聖霊は「キリストの霊」とも呼ばれ、聖霊がキリストを復活させた（ローマ八・九～一一）。そして復活したキリストがこの世を去ったあと、聖霊は信徒の内に入り、キリストとの交わりを実現させる。キリストと聖霊は活動においていつも一致している（ヨハネ一四・一五～二一）。

それゆえ、私たちが聖霊の力を受け入れ、キリストを信じるならば、自ずと父と子と聖霊が本質において一つ（一人）であることに気づくであろう。

床屋談義【存在としての神】

第二章で論述したように、聖書の神は宇宙の万物を創造し、また人間の命をも造った（創世一・一〜二・四、イザヤ四二・五、四五・一二）。そこでキリスト教においても神はあらゆる命の根源になっている（ローマ一一・三六）。

そしてパウル・ティリッヒ（一八八六〜一九六五。ドイツ生まれのプロテスタントの神学者）は、このような神の思想を哲学的・普遍的に考察している。

神の存在は存在自体（being-itself）である。神の存在は諸々の他のものと並ぶ一つの存在の実存（the existence of a being）として理解できないし、また諸々の他のものを超えた一つの存在の実存（the existence of a being）としても理解できない。(38)

ティリッヒは「存在自体」（being-itself）と「一つの存在」（a being）を区別し、また「存在自体」（being-itself）と「実存」（the existence）を区別している。ここでいう「一つの存在」とは複数の存在を想定して、その中の一つという意味である。また実存とは現実にそこに存在しているものというような意味である。

私たちが常識的に「存在」という言葉を使う場合、それは「現実に存在しているもの」というような意味である。つまり、実存のことである。しかしそのような実存は、すべて有限であり、何か他のものに依存することによって存在しているにすぎない。

これに対して、聖書の神はすでに論考したように、永遠の存在であり、全宇宙の創造主である。つまり、人間の命を含めてあらゆるものを存在させる神であり、あらゆる存在者を維持する力の源である。言い換えれば、神は「存在の根底」(the ground of being)である。

したがって聖書の神は全宇宙と並ぶ一つの存在ではないし、また全宇宙を超えた一つの存在でもない。この神は個別の存在として認識されるものではなく、あらゆる存在を超えたものである。したがってティリッヒは、「神は存在自体である」と説明しているのである。

そして「神は存在自体である」という視点から自然現象や環境世界を見直すならば、各々の現象に神の不思議な働きを感じ取ることができるようになる。また自分の存在の確かさを確認することができる。

創造主である神は地球のみならず、大宇宙のすべてを造り、また宇宙と自然の法則を定めた(創世一・一～三一、イザヤ四〇・二六～二八、四四・二四、アモス四・一三)。しかし、自然科学の発展により、大半の人々は、聖書の記述が字義通りに真理であるということを信じていない。神が六日間で自分の手によって宇宙とすべての生物を造ったという記述それ自体は、自然科学の真理と矛盾するのである。

たとえば地球物理学の通説によれば、宇宙はまず超ミクロの宇宙から始まり、それが急激に大膨張してビッグバンと呼ばれる超高温、超高密度の火の玉状態となった。今からおよそ百三十七億年前（百三十八億年前という説もある）のことである。それから次第に温度が下がり、原子という物質ができあがるが、その間、三十八万年という長い時間が経過したと考えられている。また地球ができたのは、今から約四十六億年前のことであるとされているが、地球誕生から生命の誕生までには約六億年の時間が経過していると考えられている。したがって、宇宙の発生や発展は創世記の記述のような単純なものではない。

このように考えると、聖書の天地創造の物語は歴史的事実ではないということになる。しかし、そうであるからといって、この物語の価値が否定されるということではない。そこには歴然とした信仰的な価値が認められるのである。

まず創世記を書いた著者は当然、現代人のように自然科学の知識を持っていなかったから、天地創造の物語を自然科学の視点から記述したわけではない。そもそも創世記を事実の記述として読むという考え方が間違っているのである。神は文字通り自分の手で宇宙を創造したのではない。創世記には「神の言葉による創造」という重要なモティーフが強調されている。

初めに、神は天地を創造された。地は混沌であって、闇が深淵の面にあり、神の霊が水の面を動いていた。神は言われた。「光あれ」。こうして、光があった。（創世記一・一～三）

ここからわかるように、神は言葉によって光を造った。同様にほかの物質も生物も人間もすべて神の言葉によって創造されている。これは神の摂理によって万物が造られたということを意味している。つまり、全宇宙の万物の中で偶然に生じたものは何もないということである。神は宇宙や生物や人間が生じることを切望したのである。

そして、神は直接、自分の手で宇宙を造ったのではない。たとえでいえば、神は宇宙のデザイナーまたは設計者である。神は自分が書いたグランドデザインに基づいて、宇宙の秩序（法則）を定めた。その秩序に従って、宇宙は自ずと発生した。宇宙論におけるビッグバンの理論は、この秩序（法則）に関する説明である。

したがって、創世記と自然科学は、それぞれ別の次元の事柄を扱っているのであるから、両者は矛盾しないのである。自然科学は宇宙の法則の背後にある根源を対象としていない。つまり、なぜそのような法則が成立したのかという問題は自然科学の領域に属さない。その問題は宗教固有の領域に属する。そして以上のような視点から創世記を読むならば、私たちは宇宙の法則の背後にある根源が神であるということに気づくのである。神が「存在自体」あるいは「存在の根底」であるというのは、そのような意味である。

【図　創造主の役割】

創造主（グランドデザイン）　⇩　宇宙の法則　⇩　自然、生物

第三章　人間について　De Homine

この章ではキリスト教の人間論、すなわち神との関係における人間の在り方について考察する。その際、キリスト教の罪の概念や善と悪の問題について検討し、それに関連してキリスト教の愛（アガペー）および悪魔の問題についても考察する。

第一節　人間の実存

1　罪の概念

現代哲学では、人間存在は「実存」（existence）という術語で表現されている。まず実存とは人間一般ではなく、私たち自身の具体的存在を意味している。私たちはほかならぬ自分自身がいかなる存在であるのかを問わねばならない。すなわち、一方で自分が有限な存在で、死の不安の内にあるということを自覚する。他方でこの限界を超えるために自分の可能な在り方や生き方を試みる。すなわち、本来的な自己を探究するのである。

言い換えれば、人間存在とは自分が有限な存在であるということを自覚しつつ、それを乗り超えようとする存在であるといえる。したがって、ここでいう実存（人間実存）とは、一方で有限な存在（命と能力に限界がある）を指し、他方でそれを超える可能な在り方・生き方を指す。

そしてキリスト教思想にはこのような実存の概念が認められる。結論からいうと、有限な存在とは罪に影響されている人間であり、それを超える可能な在り方・生き方とは神の子という状態（ヨハネ一・一二～一三、ローマ八・一四～一七）である。つまり現実の人間は、罪人《つみびと》でありながら、同時に神の子でもあるという二面性を持っている。そこでまず聖書の罪の概念について検討する。

使徒パウロは「このようなわけで、一人の人によって罪が世に入り、罪によって死が入り込んだように、死はすべての人に及んだのです。すべての人が罪を犯したからです」（ローマ五・一二）と教えている。ここで「一人の人」とはアダムのことである。アダムはエデンの園で神の掟《おきて》に違反するという罪を犯し、その結果としてこの世に罪が入り込んだ。さらに罪の結果として死がこの世に入り込み、すべての人間は「死すべき存在」となった（創世三・一九）。

そしてキリスト教の根本的な救済論とは、死の力からの解放である。また罪が死の原因になっているのであるから、死の力から解放されるためには罪の力から解放されねばならない。それゆえ、罪と死の力からの解放がキリスト教の救済の本質である。

【図1　キリスト教の救済】

罪　⇩⇩　死（不安と恐れの根源）

罪からの解放　⇩⇩　死からの解放　⇩⇩　永遠の命（神の子の状態）

しかし、多くの日本人はこの教えに納得することができないであろう。それどころか、反感を抱くこともあるかもしれない。

——キリスト教の教会は、すべての人間が罪人であるというけれど、私はそんなに悪いことをした覚えはない。私は正しい人間であることを心がけている。それなのに罪人呼ばわりされるのは失敬千万！

もちろんキリスト教も善人と悪人の区別を知らないわけではない。人殺しや泥棒は悪人である。法律や道徳を守る人は善人である。しかし聖書における罪は法律や道徳における罪とは異なる。

エデンの園において、神はアダムに対して「善悪の知識の木の実を食べてはならない」という掟を与えた。しかし、アダムとエバは蛇にそそのかされて神の掟を破り、禁止された木の実を食べてしまった（創世二・一六～一七、三・一～七）。この木は「命の木」と共に園の中央に位置していた。これは神の象徴であり、この木によって神が世界の中央に存在していることを表明している。しかし、人間は自分の領分を超えて「神のように善悪を知るものとなる」（同三・五）ことを目指しているのである。

この物語では罪の概念が端的に表現されている。すなわち、罪とは神の掟に違反することである。なぜ神の掟に違反するのかというと、人間には神に取って替わって神のようになりたいという欲求があるからである。したがって、聖書における「堕罪」とは、人間が神に反逆し、神の次元に昇ろうとして失敗し、逆に転落していくことなのである（善悪を知ること自体は罪ではない）。このようにアダムとエバは全人類の原型であり、すべての人間は普遍的に罪を犯す傾向にある。すなわち、法律に違反せず、道徳的に正しい人間もこの傾向から自由ではない。そこでカール・バルト（一八八六～一九六八。スイスのプロテスタントの神学者）は、「罪はわれわれが知っている人間の根本的な運命」であり、「人間の世界を支配する力」[39]であると説明して

いる。（口絵6参照）

しかし、神の掟に違反することや神に反逆することは、神を知っている場合にだけ当てはまるのではないのか。そのような思想は、神を知らない人間には無関係ではないのか。当然そのような疑問が生じる。

聖書における罪とは、神との関係における概念である。したがって、まだ神を知らない人間が神に反逆するという考え方は、確かにおかしい。しかしすべての人間は、自己中心的な人生観を持っている。これは必ずしも利己的なものとは限らない。たとえある人が利他的な考えを持っていたとしても、自分という存在がまず最初にある限り、生き方はおのずから自己中心的になってしまう。つまり、自己が世界の中心なのである。

簡単にいえば、朝起きたとき、私たちは起きた瞬間にまず自分を意識する。まず自分という存在があって、その周囲に他者がいる。この意識から一生抜け出すことはできない。したがって、私たちが自己（自我）というものに固執する限り、自己中心的にならざるをえないのであり、神は世界の中心になりえない。その意味で神を知らない人も神から離反しているのであり、罪人なのである。つまり神に反抗しているという意識のない人も、結果として毎日神から離れた方向を目指しているわけである。

ここで神を特定の宗教を超えた「普遍的な何か」としてとらえてみよう。その場合神は、あらゆる存在の根底、あらゆる命の源として理解できる（七四頁）。ところが人間は「存在の根底」を気にとめることなく、それから離れた生活をしている。このような実状はあらゆる人間に当てはまるものである。これが「罪」の状態である。

第二章第一節で紹介したように、Aさんは、「自分の魂だけがポツンと一人残されて、音のない暗闇の世界に永久に閉じ込められてしまうような気がするのです。それは何か宇宙空間のような空虚な世界です」と告白している。これはまさに存在の根底から切り離された心境であろう。

このようなわけで、私たちが最初に神を知るとき、まず自分が神から背を向けていること、つまり、罪の状態にあるということに気づくのである。神を知るということは、自分の罪に気づくことである。

ところでアダムとエバは禁断の木の実を食べた後、神を避けて、自分の姿を隠そうとした。そこで人間が「命の木の実」をも食べて永遠に生きることがないように、神は人間をエデンの園から追放してしまった（同三・八～一〇、二二～二四）。

ここからわかるように、人間は無意識の内に神から遠ざかろうとする。物語では人間は神によって楽園から追放されている。しかし現代的に解釈すれば、これは神の罰というよりもむしろ人間の罪から生じる必然的結果といえる。命の木は神の命の象徴である。すなわち、人間は自分の意志で神から離れることによって、命そのものからも離れてしまったのである。したがって、人間は「死すべき存在」となったのである（同三・一九）。このように、罪とは人間が神との関係を破壊することであるから、神との関係を修復しない限り、死の問題を克服することはできない。

2　使徒パウロの苦悩

キリスト教は善と悪の問題をどのように考えているのだろうか。常識的に見れば、善と悪はこの世の現象において起こっている。確かにそのような見方は間違っているわけではない。しかし、宗教的な視点から見れば、現象としての善と悪は個人の内面の反映である。すなわち、各人の心には善と悪の側面があって、善の側面が出れば、善の現象となり、悪の側面が出れば、悪の現象となる。ちなみに使徒パウロは自分自身の内に善と悪があって、それが対立していることを嘆いている。

わたしは、自分の内には、つまりわたしの肉には、善が住んでいないことを知っています。善をなそうという意志はありますが、それを実行できないからです。わたしは自分の望む善は行わず、望まない悪を行っている。もし、わたしが望まないことをしているとすれば、それをしているのは、もはやわたしではなく、わたしの中に住んでいる罪なのです。それで、善をなそうと思う自分には、いつも悪が付きまとっているという法則に気づきます。「内なる人」としては神の律法を喜んでいますが、わたしの五体にはもう一つの法則があって心の法則と戦い、わたしを、五体の内にある罪の法則のとりこにしているのが分かります。

わたしはなんと惨めな人間なのでしょう。死に定められたこの体から、だれがわたしを救ってくれるでしょうか。（ローマ七・一八～二四）

パウロという一人の人格においてなぜ善と悪が対立・抗争しているのであろうか。ここで彼は「わたしの肉」という言葉を使っているが、「肉」の原語は σάρξ（サルクス）である。これは肉体、人間存在全体、人間としての弱さ・不完全さ、神に対立する人間の傾向など、多様な意味を含んでいる。

ここでパウロは人間において肉体と精神が対立しているということを主張しているわけではない。そうではなく、精神を含めた人間存在全体（サルクス）が神の意志や力に対立しているということを強調しているのである。言い換えれば、サルクスとは人間共通の罪の傾向を指しているのである。

したがって、パウロは「わたしが望まないこと（悪）をしているとすれば、それをしているのは、もはやわたしではなく、わたしの中に住んでいる罪なのです」と告白している。人間には生来、良心が備わっているはずである。彼は自分の良心によって善を行おうとするが、自分の罪の力が善の実行を阻止する。このような心理状態はパウロだけのものではなく、すべての人間に共通するものであるといえる。

　そしてパウロによれば、罪と死の法則の反対語は「霊」の法則である（同八・二）。「霊」の原語は πνεῦμα（プネウマ）であるが、これは基本的に神の霊（神の力）であり、また人間の霊（神と交わる能力）でもある。神と人間は霊の次元において交わる。神の霊が私たちに宿ることによって、私たちは霊に従って歩むことができる（同八・五、九）。そして私たちは神の霊に従うことによって、霊の世界に入り、神が求める善を行うことができる。

　ところで創世記の記述によると、神はすべてのものを良いものとして創造した（一・三一）。そこで人間も自然も本来は良いものであり、悪いものは存在しないはずである。人間の肉体も悪いものではない。すなわち、世界において善と悪という二つの原理が対立しているという世界観（二元論的世界観）は、キリスト教本来のものではない。仏教学者は、しばしばキリスト教が二元論的世界観を持っていると述べているが、これは全くの誤解である。

　ただし、すでに説明したように、人間は自分の意志によって神の意志を侵害し、神と敵対するものになってしまった。人間が罪の状態を引き起こすことによって、世界に悪い現象が起こったのである。

それゆえ、キリスト教において善と悪の観念はいつも善の源である神との関係によって成立するのである。つまり、神に敵対する傾向の根源は、罪・肉であり、その結果として悪が生じる。その反対に神に従う傾向の根源は信仰・霊であり、その結果として善が生じる（単純に善と悪が対立しているのではない）。使徒パウロでさえ、これら二つの傾向が自分自身の内側で対立し、葛藤していることに苦しんでいたのである。

【図2　神と人間】

神と断絶する傾向：罪・肉（根源）　⇩⇩⇩　悪（現象）

神に従う傾向：信仰・霊（根源）　⇩⇩⇩　善（現象）

3　アガペー（神の愛）

以上のような考察に対して仏教家の批判が予想される。

――キリスト教の論理によると、キリスト教の神を信じない者は、すべて罪人であり、神に従わないことは悪を生じさせることになる。そうすると、キリストを信じていない仏教徒は、全く良いことを行うことができないということになってしまう。これは独善的な主張ではないのか。

キリスト教のみならず、多くの主要な宗教は独自の教理を持っていて、それを前提にして善悪の基準を設けている。仏教も例外ではない。たとえば、仏教では仏の体を傷つけたり、仏教教団の和合を乱すことは、最も重い罪となる。またすべての人間は煩悩（身心の苦しみを生みだす精神の働き）に支配されていて、煩悩から解放されない限り、輪廻の世界から脱出することはできない。

これらの教理は、科学的に証明されないから、信じるほかはない。しかし、そうであるからといって、それらが誤りであるとか、独善的であるというように批判することはできない。およそ宗教は、信仰を本質的要素とし、そこから真理に到達しようとするからである。

キリスト教も同様である。神を善の源として信じて、そこから善悪の基準を設けることは、宗教として当然のことである。その反対に宗教的な基盤を持たない道徳観は、むしろ主観的なものになりがちである。しかもキリスト者も本来、罪人であり、神の助けがなければ、善を行うことはできない。このような考え方は、独善的であるどころか、むしろ個人の独善を抑制する働きをするはずである。

ところでいうまでもなく、世の中の平和と秩序を守るためには善悪の観念が必要である。しかしすでに述べたように、神の目から見れば、完全に善を行う者はいない。したがって、私たちは神によって自分の罪を許される以外に救われないことになる。神の許しの愛は、ギリシア語で ἀγάπη（アガペー）と呼ばれている。アガペーは本来、キリスト教的な愛を意味するとは限らないが、それが神の愛として使用される場合には、聖なるものとなる。そこで慣習的にアガペーは神の愛を表す術語として理解されている。

そこでアンダース・ニーグレン（一八九〇～一九七八。スウェーデンのプロテスタントの神学者）の所見によれば、キリスト教の神の本質はアガペーである。そして人間にとって善とは、やはりアガペーである。[40]

またニーグレンの分析によると、アガペーはギリシア的な ἔρως（エロース）の概念と対立している。エロースは、プラトンが主張した精神的愛で、それは地上的なものから離れ、天上的なものを求めて救いを得んとする、人間の精神的欲求である。[41] つまり、より美しいもの、より崇高なものに憧れ、これを獲得しようとする欲求である。

これに対して、アガペーは対象を選ばない。神は善人や価値のある者だけを愛するのではなく、すべての者を公平に愛する（マタイ五・四五）。神の目から見れば、人間が設けた善悪の基準は相対的なものにすぎない。愛すること自体が神の本質なのである。したがって、アガペーという視点から考えることによってはじめて、神を正しく理解することができる。さらにいうならば、キリスト教の最高の善はアガペーなのである。すなわち、私たちは神の愛を受け入れることによって、神と出会うことができる。さらに神の愛に促されて、隣人（他者）を愛することができるようになる。そこでアガペーは神の愛およびそれを源とする人間の愛を意味する。パウロが提示した二つの傾向の対立は、アガペーのみによって解消されるのである。そしてヨハネ福音書にはアガペーの思想が明確に示されている。

神は、その独《ひと》り子をお与えになったほどに、世を愛された。独り子を信じる者が一人も滅びないで、永遠の命を得るためである。神が御子を世に遣わされたのは、世を裁くためではなく、御子によって世が救われるためである。（三・一六〜一七）

光が世に来たのに、人々はその行いが悪いので、光よりも闇の方を好んだ。それが、もう裁きになっている。（三・一九）

ここでアガペーの本質が的確に表現されている。ひとり子とは、イエス・キリストのことである。アガペーは単なる観念ではなく、神がひとり子イエスをこの世に派遣したという歴史的出来事において示されている。神はイエスを通して人間の罪を許し、永遠の命を私たちに授けようとしている。それがアガペーである。アガペーはこの世におけるイエスの言葉と行動、およびイエスの人格そのものを通して示される。それ以外にアガペーを知る方法はない。

そして、ヨハネ福音書では、罪とはアガペーを拒絶することを指している。罪の状態にある者は、イエスの愛を拒絶し、光であるイエスを憎む。イエスは神の光を人々にもたらそうとするが、神の光を嫌う者は、コウモリのように闇を好む。そのような人間の態度がすでに神の裁きになっている。すなわち神の裁きとは、罪人が自分の意志で光（アガペー）を拒絶し、自分で闇（罪と死）の世界を引き入れているということである。アガペーを信じない者にとって愛の光はまぶしすぎて、暗闇の方が好ましいものに感じられるからである。

ここからわかるように、罪の認識とアガペーの認識は表裏一体の関係にある。アガペーを経験しない間は、道徳的な意味で罪を認識していることがあっても、まだ宗教的な意味で罪を認識していない。過去の罪から立ち去るためには、どうしてもアガペーを受け入れねばならない。私たちはアガペーの現実性を経験することによってはじめて、過去の自分がいかに神から離れていたのかということを痛感するのである。大切なことは、罪の概念を知的に理解することで

はなく、自分の罪を感じることである。(口絵7参照)

【図3　愛の生き方】
アガペー・光　⇩　⇩　浸透　⇩　⇩　アガペー・光に照らされた心

第二節　悪魔(サタン)

1　キリスト教の悪魔像

創世記の記述によると、神は創造主としてすべてのものを良いものとして創造した(一・三一)。そこで人間も自然も本来は良いものであり、悪いものは存在しないはずである。しかし現実世界には道徳的に「悪」と思われるような現象がある。しかも善よりも悪の方が優勢であるように見える。なぜ創造主である神はこのような現象を容認しているのか。キリスト教はその理由として二つの論理を主張している。

第一にすでに論述したように、人間が罪の状態を引き起こすことによって、世界に悪い現象が起こった。神は悪の現象を望まないが、人間が自分の責任で悪を引き起こしているというわけである。

第二に人間が悪を行うように誘導する見えざる敵がいる。それは悪魔であり、「サタン」とも呼ばれる。

サタンは元来、「敵対者」という意味のヘブライ語である。旧約聖書ではサタンはまれに登場するだけであり、しかもそれは天使の一人として描かれている。サタンは神の許可を得て、災いや病気を世界にもたらしている（ヨブ一〜二章、ゼカリヤ三・一〜二）。旧約聖書では神は唯一であり、光と闇、平和と災いを創造する（イザヤ四五・七）。つまりすべての自然現象の起源は神である。ただし「災い」とは人間にとって不都合な現象であり、道徳的な悪を意味しない。

ところが新約聖書の時代になると、サタンは悪魔として登場する（マタイ四・一〜一一、六・一三、一三・一九、ヨハネ一七・一五、エフェソ六・一六、第一ヨハネ五・一八）。悪魔の原語は διάβολος（ディアボロス）であり、中傷する者、悪意の告発者という意味である。英語の Devil はこの単語から派生した。また「誘惑する者」（マタイ四・三）、「敵」（マタイ一三・二五、三九）、「この世の支配者（世の支配者）」（ヨハネ一二・三一、一四・三〇、一六・一一）などとも呼ばれている。

サタンは神のことを人間に中傷し、また神に人間の罪を告発することによって、両者の仲を裂こうとしている。サタンは神と人間との断絶を引き起こし、人間が滅亡することを狙っている。

サタンは本来、神によって造られた天使であったのに、なぜ悪魔に変わってしまったのか。聖書にはこの疑問に対する明確な答えはないが、神学者たちは聖書のいくつかの箇所を根拠にして体系的に説明している。

たとえばイザヤ書一四章一二～一五節には「ああ、お前は天から落ちた。明けの明星、曙の子よ。お前は地に投げ落とされた。もろもろの国を倒した者よ。かつて、お前は心に思った。『わたしは天に上り王座を神の星よりも高く据え、神々の集う北の果ての山に座し雲の頂に登っていと高き者のようになろう』と。しかし、お前は陰府《よみ》に落とされた。墓穴の底に」と書かれている。オリゲネス（一八五頃～二五四頃）の解釈によると、この箇所はサタンがかつて明けの明星であったが、天から転落したということを意味している。

またルカ一〇章一八節では「わたし（イエス）は、サタンが稲妻のように天から落ちるのを見ていた」と書かれている。オリゲネスの解釈によると、イエスは悪魔を稲妻にたとえ、天から落ちたといっている。すなわち、サタンはかつて天にいて、聖なる者たちの中に座を占め、すべての聖者が参与する光を受け取っていた。つまり光の天使であったが、転落してこの世の君主という名前を受けたという。[42] そこで中世のキリスト教では悪魔は Lucifer（ルーチフェル）と呼ばれている。これは明けの明星、つまり金星のことである。

またカトリックの教理によれば、「悪魔およびその他の悪霊も、神によって本性上は善いものとして作られたが、自分で悪となったものである。人間は悪霊の誘惑によって罪を犯した」（一二一五年の第四ラテラノ公会議）。[43]

ここからわかるように、キリスト教では神から独立した悪の原理は成立しない。悪魔とその配下の悪霊たちも結局、神の統率のもとにあり、世の終わりにおいて滅ぼされることになっている（黙示二〇・一〇、一四〜一五）。

2　キリストと悪魔

つまり、ナザレのイエスのことです。神は、聖霊と力によってこの方を油注がれた者となさいました。イエスは、方々を巡り歩いて人々を助け、悪魔に苦しめられている人たちをすべていやされたのですが、それは、神が御一緒だったからです。（使徒一〇・三八）

旧約聖書には悪魔に関する明確な記述はないが、キリスト教によると、人類はキリストが登場するまで悪魔（サタン）の支配を受けていた。悪魔は悪の世界と死の世界の支配者である（ヨハネ八・四四、ヘブライ二・一四）。キリストは人間を悪魔の力から解放するためにこの世に到来した。キリストによる神の国の運動は、悪魔との戦いという側面を持っていたのである。

キリストは公の活動を始める前に、四〇日間、荒れ野で悪魔の試みを受けた（マタイ四・一～一一）。そしてこの試練に打ち勝つことによって、神の国をこの世にもたらしたのである。キリストは人々から悪霊を追放し（マタイ四・二四、一七・一八、マルコ一・二三～二七、五・一～二〇）、サタンの力を粉砕していく。サタンはイスカリオテのユダを利用して、キリストを十字架にかける（ルカ二二・三、ヨハネ一三・二七）。しかしキリストは最後の試練である十字架の苦難を突破することによって、サタンに勝利した（ルカ一〇・一八、ヨハネ一二・三一、一六・一一、ヘブライ二・一四）。

ただしサタンは、終末まで活動することを許されているから（マタイ一三・三九、ルカ二二・三一、第一ペトロ五・八）、誰でもサタンとの戦いを回避することはできない。キリストの言葉に従う者は、もはやサタンの力を過剰に恐れてはならないが、同時にサタンの攻撃や誘惑を十分に警戒しなければならない。

悪魔にすきを与えてはなりません。（エフェソ四・二七）

わたしたちがそうするのは、サタンにつけ込まれないためです。サタンのやり口は心得ているからです。（第二コリント二・一一）

だから、神に服従し、悪魔に反抗しなさい。そうすれば、悪魔はあなたがたから逃げて行

きます。（ヤコブ四・七）

3　悪魔の属性

キリスト教の悪魔の属性はどのようなものであろうか。アウグスティヌス（三五四〜四三〇。古代キリスト教の著名な教父・思想家）の見解によると、悪魔はこの上なく高ぶる者であり、ねたみに満ちている者である。そのため悪魔は永遠に罰せられて、空中の薄暗い牢獄に閉じ込められている。また悪魔は肉体を持たず、霊的な存在である（『神の国』一四・三・二）。[44]

このように悪魔の恐ろしさは、その外見によるのではなく、霊的本質にある。それは感覚的に認識されないから、どこから侵入してくるかがわからないのである。

またトマス・アクィナス（一二二五〜一二七四。イタリア生まれの神学者）の所見によれば、人間のすべての罪が悪魔の教唆によって起こされるわけではなく、そのあるものは自由意志や生活の堕落に基づく。[45] しかし悪魔の試みによって引き起こされる罪があることに注意しなければならない。すなわち、悪魔は人間の心の内部を動かし、感覚的欲求だけではなく、理性をも統制して、罪へと誘う。[46] つまりたとえ私たちが理性的に行動しているつもりであっても、その行動が悪魔に誘導されていることもあるのである。悪魔は権謀術数《けんぼうじゅつすう》をめぐらし、攻撃してくる。たとえば長い信仰生活を送っていく途上で、逆境もある。また罪を犯すこともある。その場合、神から見捨てられたのではないかという疑いが生じることがある。ところがマルティン・ルター（一四八三〜一五四六。ドイツの宗教改革者）がいうように、そのような疑いは、誘惑者なるサタンによって助長され増大されている。[47] サタンは光の天使を装うことがある（第二コリント一一・一四）。すなわち、悪魔は神から遣わされた天使を装い、私たちの罪を弾劾し、私たちを絶望させ、神から引き離そうとするのである。

そこでルターによれば、私たちは救いについて絶望すべきではなく、真剣な祈りによって神から援助を求めねばならない。祈りによってサタンに対抗し、戦うべきである。[48]

ところで現代社会では悪魔の観念は、一般に中世的な迷信によるものとして認識されている。せいぜいオカルト的な文学や映画などの中で登場するに過ぎない。しかし私見によれば、自然科学が発達した現代社会こそ、むしろ悪魔の力を引き込む要因を持っている。というのは、第一に兵器の開発により二〇世紀以降の戦争は、それ以前に比べて残酷で悲惨なものになったからである。たとえば第二次世界大戦の死者は民間人を含めて四五〇〇万人以上になっている。また戦後、核兵器の保有国は増え、人類滅亡の危機は続いている。

まことに皮肉なことであるが、物理学の発展により原子核の内部の核分裂が可能になり、核兵器が開発されたのである。科学者たちは核兵器が悪魔的な破壊力を持つことを予想しなかった。アルバート・アインシュタイン（一八七九〜一九五五）は、アメリカの大統領あての手紙

（原子爆弾の開発を勧告するもの）に署名したが、そのことをのちに悔いている。

第二に伝統的宗教が衰退し、その替わりに国民の精神を統制する全体主義が台頭したからである。ナチスによる「ホロコースト」はいうまでもない。共産主義国家においても非常に多くの人々が、国家テロリズムによって死亡した。『共産主義黒書』によると、その数はソ連では二〇〇〇万人（モスクワ放送によると、六〇〇〇万人）、中国では六五〇〇万人、ベトナムでは一〇〇万人、カンボジアでは二〇〇万人、北朝鮮では二〇〇万人に達している。[49]

このような現象は有史以来前代《ぜんだい》未聞《みもん》のことである。人間はなぜこれほどまでに冷酷非情になれるのか。ソ連の事情に関してマーティン・メイリア（アメリカのロシア史の研究家）は次のように説明している。

……歴史や人間の心理よりも重要なのは、スターリンが動かしていた制度的環境である。これが残酷さとパラノイアを醸成した。（中略）国際資本、プチ・ブル富農《クラーク》、……、党路線逸脱者など、内にも外にも敵はいた。スターリン自身がこうした全般的な闘争ムードと疑心暗鬼の風潮を強めたことは間違いないが、彼がその元凶だったわけではない。これを生みだしたのはむしろ、党（共産党）が引きずっていた性格である。スターリンの「粗暴な」性格は、党のそうした性格に実に打ってつけだったのだ。[50]

党の性格とは、急進的な共産主義を最優先するということである。共産主義国家の建設が最高の善であり、それを実現するためであれば、人間を殺すことも悪とは見なされなくなるのである。ちなみに共産主義国家では、共産党の独裁であり、党の方針に反対することは許されない。

そしてテロリズムを実行する大抵の官僚たちは、生来、残酷であるというわけではなかろう。共産主義の理想を信じ、指導者から下された任務を遂行しているのである。いうまでもなく、全体主義は人間が作り出した思想である。しかしこれはきわめて独善的で専制的な性格を持っているから、個人の理性や良心を超えて集団的な力を生みだす。誰もこの力を制御できなくなる。

そしてキリスト教思想によれば、神の存在を退けた現代社会は悪魔の誘惑を受けやすいのである。

更に、悪魔はイエスを非常に高い山に連れて行き、世のすべての国々とその繁栄ぶりを見せて、「もし、ひれ伏してわたしを拝むなら、これをみんな与えよう」と言った。すると、イエスは言われた。「退け、サタン。『あなたの神である主を拝み、ただ主に仕えよ』（申命六・

一三）と書いてある」。そこで、悪魔は離れ去った。すると、天使たちが来てイエスに仕えた。

（マタイ四・八～一〇）**（口絵8参照）**

床屋談義【万物の振動】

長年にわたって水の研究を続けてきた江本勝《まさる》によれば、すべての物質は本来、振動にすぎない。物質が原子から構成されていることは周知の事実であるが、実は原子の内部の大半は空洞部分なのである。各々の原子は原子核と電子から成り立っていて、電子が原子核の周りを回っている。ところが、原子核の直径は電子の軌道（原子全体の直径）の十万分の一にすぎないのである。仮に原子核を東京駅に置いた半径一メートルのボールとすると、電子は、銚子、日光、沼津あたりを廻ることになる。

そういうわけで私たちの体を含めてあらゆる物質の内部は、隙間だらけの状態である。たとえでいえば、ギターの共鳴箱のようなものである。共鳴箱という空間がなければ、音は共鳴しない。そして電子が原子核の周りを回転することによって、原子全体が、原子核と電子の間の空間（共鳴箱）において振動し、いつも振動の波を発生させているという。

そして、江本は水を凍らせて、その結晶を作ることに成功した。自然の水は美しい結晶を作るが、水道水では結晶はできないという。なぜならば、日本の水道水には、消毒のために塩素が使用されているからである。

また美しいクラシック音楽の曲を水に聴かせると、各々の曲に対応した独自の結晶ができあがる。その反対に騒々しい曲を聴かせると、結晶がばらばらに壊れた形になっていた。

水に音楽を聴かせると、なぜ結晶が変化するのか。江本によれば、それはすべての物質が振動していて、固有の周波数を出しているからである。水はその周波数を敏感に感知して、それをそのまま映し出すという。

また江本は、「その水を飲むと病が消えるなど、奇跡の泉として有名なフランスのルルドの泉なども、水にマリア様の感謝の思いが入っているのではないでしょうか」と述べている。つまり病人の意識を変えることによって、その人の体から出ている振動の周波数を健全なそれに変えることができるというわけである。

この事柄は信仰の次元にも当てはまるといえる。聖霊は毎日継続的に愛の周波数を持つ振動音を出している。そこで聖霊の働きを経験するためには、自分の意識を愛の周波数に合わせなければならない。それによって神の音と私たちの音が共鳴し、美しい音楽が鳴り響くのである。それは人間同士にも適応される。愛の周波数によって振動している人の音は、隣人の振動音に共鳴することができる。そうなれば、個人のレベルのみならず、集団において神の音楽を演奏することができるであろう。

角笛の音がますます鋭く鳴り響いたとき、モーセが語りかけると、神は雷鳴をもって答えられた。（出エジプト一九・一九）

天は神の栄光を物語り、大空は御手の業を示す。昼は昼に語り伝え、夜は夜に知識を送る。話すことも、語ることもなく、声は聞こえなくてもその響きは全地に、その言葉は世界の果てに向かう。（詩編一九・二～五）

（主要参考文献）

江本勝『水は答えを知っている』サンマーク出版、二〇〇一年
村山斉『宇宙はなぜこんなにうまくできているのか』集英社インターナショナル、二〇一二年
広瀬立成『図解雑学　よくわかるヒッグス粒子』ナツメ社、二〇一二年

第四章　信仰について　De Fide

この章では第一章から第三章までの内容を前提にして、キリスト教信仰の本質について基本に立ち返って検討する。そのために福音書における「悔い改め」という主題を解釈し、その具体的事例を紹介する。またイエスとの出会いの契機としてイエスの十字架と復活について考察する。

第一節　イエスに従うこと

1　信仰の本質

そもそもキリスト教信仰の本質とは何であろうか。キリスト教徒は何を信じているのか。神そのものを信じているのか、それとも神に関する教会の教えを信じているのか。信じるということは理性の営みに反しないのか。長年信仰生活を送っていると、このような疑問がどうしても曖昧になってくる。しかし、求道者が信仰に入るためには、これらの問題を避けて通ることはできないはずである。

まず新約聖書の著者が信仰をいかに理解しているのかを考えてみよう。使徒パウロはローマ書において「実に、信仰は聞くことにより、しかも、キリストの言葉を聞くことによって始まるのです」（一〇・一七）と述べている。ここからわかるように、キリスト教信仰はキリストの言葉を聞くことから始まる。

信仰の対象は聖書で証言されている神、つまり、三位一体の神である。このような考え方は、キリスト者にとっては当然すぎるように思われる。しかし、日常の信仰生活を振り返ってみると、必ずしもそうとはいえない。私たちは知らず知らずのうちに信仰の対象が神自身からほかのものに移っているのではなかろうか。たとえばキリスト教や人生に関する自分自身の信念（固定観念）、牧師や司祭の人格、教会の伝統や慣習などが信仰の対象になっている場合がある。したがって私たちは、繰り返し聖書におけるキリストの言葉を求めなければならない。信仰の本質とは、キリストの言葉を聞くことによって神を信じることである。それゆえ、なかんずくプロテスタント教会では、毎週の礼拝において牧師の説教を通してキリストの言葉を聞くことが習慣になっている。

それではなぜキリストの言葉を聞くことによって神を信じることができるのか。聖書において「神」θεός（テオス）という用語は、例外を除いて父なる神を表している（例外とは神がキリストを意味している箇所である）。そこで新約聖書における神とは、三位一体の神全体を意味せず、イエスが父と呼んだ神（旧約の伝統に基づく神）を意味している（マタイ五・四五、四八、六・一、六、九）。パウロも神を「父」と呼んでいる（ローマ一・七、六・四）。

しかし第二章第三節で説明したように、新約聖書は、父と子と聖霊が同じ神の本質を持っていることを証言している。そこでキリスト教の神は三位一体の神であり、父と子と聖霊という三つのペルソナ（表現形式・存在の仕方）を有する。すなわち、私たちは神そのものを見ることはできないが（ヨハネ一・一八）、子なるキリストのペルソナを通して神と出会うことができるのである。

2　悔い改め（回心）

イエスの言葉を理解するためにまずイエスの伝道における最初の言葉を考察する。マルコの報告によれば、それは次の通りである。

「時は満ち、神の国は近づいた。悔い改めて福音を信じなさい」。（マルコ一・一五）

「福音」の原語はεὐαγγέλιον（エウアンゲリオン）である。これは「良い知らせ」「喜ばしい知らせ」という意味である。「時は満ち、神の国は近づいた」ということが良い知らせなのである。

「時」の原語はκαιρός（カイロス）である。これは「ちょうどふさわしい時」あるいは「正しい時」を意味し、瞬間に近い時である。ある時が「ちょうどふさわしい時」であるかどうかは、人間ではなく、神が判断する。神の判断によってちょうどふさわしい時が定められる。そしてイエスは神の意志を察知して、神の国の接近にとってちょうどふさわしい時が満ちたということを確信した。この確信に基づいてイエスは福音を人々に伝えようとした。

また「時が満ちた」ということは、おそらく終末論的な次元において理解されるべきである。[51]初代教会では「定められた時が迫っている」（第一コリント七・二九）と宣教されていた。つまり、世界の終末の時が迫っているということである。イエスもそのような時が迫っていると考えていたようである。

イエスの伝道活動からすでに約二千年が経過しているから、厳密に考えれば、イエスの時代は世界の終末の時ではなかった。しかしイエスの活動によって神の国は接近したのであるから、広い意味ではその時点で歴史は終末の時代に突入したといえる。したがって、イエスの出現を

【図1　悔い改め】

罪の生き方：神――人間　⇩⇩⇩　人間中心の価値観

悔い改め（回心）：神　⇧⇧⇧　人間

境にして歴史は根本的に変化したのである。なお神の国についてはすでに第一章第一節で説明した（一九頁）。

「悔い改める」の原語は、μετανοέω（メタノエオー）である。その名詞形である「悔い改め」の原語はμετάνοια（メタノイア）である。「メタノエオー」は、「人生における考え方の根本をすっかり変える」「（福音に込められた）神の意志を受け入れ、キリストを自分の全生活の主として受け入れるという、神の前での生活態度の根本に関わる切り替えをする」「（神に）立ち戻る」[52]という意味である。つまり神に背を向けていた生活を改め、生き方を神の方向へと一八〇度、転換することである。そこで悔い改めは「回心」（conversion）とも呼ばれている。

またマルコの記事では、イエスは神の国の接近と悔い改めを結合している（一・一五）。この場合の悔い改めとは、なかんずく「罪から立ち去る」ということを指す。[53]すなわち、神の国が接近するということが福音（良い知らせ）であり、それに応答するために過去の罪から立ち去って、神の支配に服従することが求められている。

3 ペトロの悔い改め

イエスがゲネサレト湖畔に立っておられると、神の言葉を聞こうとして、群衆がその周りに押し寄せて来た。イエスは、二そうの舟が岸にあるのを御覧になった。漁師たちは、舟から上がって網を洗っていた。そこでイエスは、そのうちの一そうであるシモンの持ち舟に乗り、岸から少し漕ぎ出すようにお頼みになった。そして、腰を下ろして舟から群衆に教え始められた。話し終わったとき、シモンに、「沖に漕ぎ出して網を降ろし、漁をしなさい」と言われた。シモンは、「先生、わたしたちは、夜通し苦労しましたが、何もとれませんでした。しかし、お言葉ですから、網を降ろしてみましょう」と答えた。そして、漁師たちがそのとおりにすると、おびただしい魚がかかり、網が破れそうになった。そこで、もう一そうの舟にいる仲間に合図して、来て手を貸してくれるように頼んだ。彼らは来て、二そうの舟を魚でいっぱいにしたので、舟は沈みそうになった。

これを見たシモン・ペトロは、イエスの足もとにひれ伏して、「主よ、わたしから離れてください。わたしは罪深い者なのです」と言った。とれた魚にシモンも一緒にいた者も皆驚いたからである。シモンの仲間、ゼベダイの子のヤコブもヨハネも同様だった。すると、イエスはシモンに言われた。「恐れることはない。今から後、あなたは人間をとる漁師になる」。そこで、彼らは舟を陸に引き上げ、すべてを捨ててイエスに従った。（ルカ五・一〜一一）（口絵9参照）

ここで「（昼間に）沖に漕ぎ出して網を降ろし、漁をしなさい」というイエスの指示は、全く見当違いのもののように思われる。シモン、すなわち、ペトロが述べているように、当時のイスラエルの漁師は、夜に漁を行った。湖の中に網を投げ入れる漁である。昼間は明るいので、魚は網を見ることができる。魚は網を見た瞬間、逃げてしまうので、魚を捕ることができない。したがって、魚が網を見ることができない夜間においてのみ漁を行っていた。

しかもペトロたちは夜通し苦労したが、何もとれなかった。漁師である彼らでさえ、何もとれなかったのに、素人であるイエスが「沖に漕ぎ出して網を降ろし、漁をしなさい」というのである。もしもペトロが昼間は魚を捕ることができないという習慣的な考え方にとらわれていたとすれば、イエスの指示を拒否したに違いない。しかし、彼はイエスの指示に素直に従った。新共同訳聖書では「しかし、お言葉ですから、網を降ろしてみましょう」と訳されているが、原文を忠実に訳すならば、「お言葉によって」という表現になる。お言葉とは神の言葉のことである。つまり、神の言葉によって網を降ろすということである。彼の応答はキリスト教の信仰を端的に表している。ペトロはイエスの言葉を神の言葉として受け止めたので、イエスの言葉によって自分の習慣的な考え方を改めた。イエスとの交わりは、イエスの言葉を聞いてそれに従うことから始まる（ローマ一〇・一七）。

ところで大漁の奇跡を経験したとき、ペトロは「主よ、わたしから離れてください。わたしは罪深い者なのです」と述べている。これは奇妙な言動に思われる。イエスが神の力を持っていることに気づいたとき、なぜペトロは自分の罪を意識したのであろうか。第三章第一節で述べたように、聖書において罪とは、神の戒めに違反して、神から遠ざかろうとすることである（八三頁）。そこで罪の意識とは神との隔たり、神との距離の認識を示している。

ちなみに預言者イザヤは神と出会ったとき自分の罪を意識した（イザヤ六・一〜五）。つまり、神の栄光を経験したので、それに比べて自分がいかに卑小な者であるのかを痛感したのである。それと同様にペトロは大漁の奇跡を通してイエスのうちにある圧倒的な力を経験した。それゆえ、自分とイエスを比較して、全く取るに足らないもの、無に等しい存在であることを痛感したに違いない。

奇跡の前の時点ではペトロはイエスに対して「先生」と呼びかけている。しかし、奇跡の後では「主」と呼びかけている。「主」とはギリシア語では κύριος（キュリオス）であるが、ルカ福音書ではキュリオスは神または救い主を意味する。ペトロは大漁の奇跡を経験した結果、イエスを救い主として礼拝している。つまり、イエスの人格のうちに神が存在しているということに気づいたのである。以上の考察からわかるように、イエスとの出会いというものは、この世の現象とは別個のところで起こるのではなく、まさに毎日の日常生活の中で起こる。

このようなペトロに対して、イエスは「恐れることはない。今から後、あなたは人間をとる漁師になる」と宣言している。「今から後」とは過去の生き方、ものの見方との決別を意味する。彼らはイエスの言葉に応答し、すべてを捨ててイエスに従ったが、この場合のすべてとは、財産のみならず、過去の生き方、ものの見方をも含んでいるといえる。

4　アウグスティヌスの悔い改め

アウグスティヌス（三五四～四三〇）は西方教会の偉大な神学者であり、後世に絶大な影響を及ぼした。彼は北アフリカのヌミディア州の出身であり、母のモニカは敬虔なキリスト者であった。しかし、青年時代のアウグスティヌスはキリスト教に関心を持たなかった。彼は当時を回顧して、「キケロの練達した文体に比べると、聖書のそれはわたしにとりつまらないものに思われました」と述べている（『告白録』）。[54] 聖書の文体の素朴さと単純さに失望したというわけである。ちなみにキケロ（前一〇六～前四三）は、古代ローマの政治家・雄弁家・哲学者である。その文体はラテン語散文の模範とされている。

そしてアウグスティヌスは、次第にマニ教にひかれていった。マニ教とは、イランの宗教家マニ（二一六頃〜二七六頃）が教祖で、グノーシス主義的キリスト教、ゾロアスター教、仏教などの要素を取り入れた宗教である。(55) 徹底した善悪二元論に傾倒している。つまり、物質・肉体は悪で、霊のみが善である。物質を造ったユダヤ人の神は悪魔である。世界は霊と物質、善と悪、光と闇の闘いの場であり、キリストは最もすぐれた「アイオーン」であるという。アイオーンとは光の世界に住む擬人化された霊的存在であり、悪である肉体を持っていない。光の世界の主人は、「至高神《しこうしん》」と呼ばれる。

ところがアウグスティヌスは、その後次第にマニ教に対する疑問を持ち始めた。マニ教の書物が天体に関する「途方もない作り話に満ちていた」からである。そこで彼はファウストゥスというマニ教の指導者に面談して、マニ教の書物に関する疑問点を提出した。しかし、ファウストゥスは何ら適切な解答を示さなかった。この出来事が契機となって、アウグスティヌスはマニ教に対する情熱を失った。(56)

それから彼は北アフリカのカルタゴからローマに移った。さらにミラノに赴いて、当時多くの人々によって尊敬されていたアンブロシウスという司教の説教を聞いた。彼は当初その説教の価値を認めていなかったが、時間が経過するにつれて、アンブロシウスが語る内容が彼の心の中に入り込んできたのである。こうしてアウグスティヌスは、アンブロシウスの教えを通して聖書の真価を見直したのである。その後幾多の紆余曲折《うよきょくせつ》を経て、アウグスティヌスは遂に悔い改め（回心）の経験をするのである。彼はその時の様子を『告白録』第八巻第一二章で次のように述べている。

わたしはこのように話しながら、心から痛恨の思いに打ち砕かれ、苦渋に満ちた涙を流し、泣いていました。するとその時、隣の家から、少年か少女か分かりませんが、歌のような調子で繰り返し話している声が幾度か聞こえて来ました。

「トレ、ヨメ、トレ、ヨメ」。

（中略）この文句は、聖書を取り、開き、最初に目にとまった章句を読め、という神のわたしに対する命令に違いない、と解釈しました。(57)

彼がなぜ「痛恨の思いに」打ち砕かれたのか。そもそも痛恨の思いとは何であるのか。この箇所ではそれほど明瞭に説明されているわけではない。第八巻第七章では、彼はこの世の望みを捨て、ただ神に従っていくことを日一日と延ばしていたと述べている。(58)つまり、キリスト教を知的に理解し、それを受け入れようとしていたが、実際に神に従う決断をしていなかったということであろう。彼はそのような自分の狐疑逡巡《こぎしゅんじゅん》の態度に対して自責の念を持ったのだと推測される。

そこで彼は隣家から聞こえてきた声（「取り上げて、読め、取り上げて、読め」）を神のそれとして受け止めた。聖書を開いたところ、ローマ書一三章一三節b〜一四節の文章が目に止まったので、この箇所を読んだ。すなわち、「酒宴と酩酊、淫乱と好色、争いとねたみを捨て、主イエス・キリストを身にまといなさい。欲望を満足させようとして、肉に心を用いてはなりません」という聖句である。そして、彼はこの節を読み終えるやいなや、平和の確かな光のようなものが自分の心に注ぎ込まれ、すべての疑いの闇は消え去ってしまったという。(59)

アウグスティヌスはこの聖句をどのように解釈したのか。果たして彼の心にどのような変化が生じたのか。確実なことはもはやわからない。あるいは彼自身も自分に起こった事柄を厳密に理解していなかったかもしれない。私見によれば、この聖句の直前にある一二節〜一三節aの言葉が示唆を与えてくれるようである。すなわち、「夜は更け、日は近づいた。だから、闇の行いを脱ぎ捨てて光の武具を身に着けましょう。日中を歩むように、品位をもって歩もうではありませんか」という聖句である。

「夜は更け、日は近づいた」というのは、闇の世界が終わり、光の世界が接近しているというユダヤ教的な終末論に基づいている。闇の世界は悪魔の支配圏であり、光の世界はキリストの支配圏である。両者の戦いは間近に迫っている終末において先鋭化され、決定されるというわけである。そこでパウロ（ローマ書の著者）は、夜中しか着ない衣を脱ぎ捨てるように、「闇の行い」を脱ぎ捨て、「光の武具」を身に付けるように勧める。(60)

アウグスティヌスは『告白録』でこの聖句を引用していない。しかし、もしも彼が実際にローマ書一三章一三節b～一四節を読んだとすれば、その直前の言葉をも読んだのではなかろうか。そうであるならば、以上のパウロの勧告を神の命令として受け止め、それを前提として一三節b～一四節の文章を読んだということになる。

アウグスティヌスは、自分自身の「終末」が接近しているということを直観したのであろう（ヨハネ五・二五～二九）。つまり、彼にとって今日という日が、終わりの日になるかもしれない。光の世界に所属するのか、それとも闇の世界に所属するのか。その決断の時は今日という日以外にはない。このような終末論によって、彼は光の世界の住人になる決断をしたのであろう。

なお私たちにとってこのような悔い改めの決断は、一回性のものではない。むしろ日毎の就寝の祈りにおいて私たちは、今日という日が自分にとって終末になるかもしれないということに気づかねばならない。この反省によって私たちは、神の国（光の世界）に喜んで入りたいという気持ちになるのである。**（口絵10参照）**

第二節　イエスの十字架

1 福音の本質

新約学者アラン・リチャードソンが解説しているように、キリスト教の福音の本質は、イエスの倫理的な教えではなく、イエスに関する出来事、つまり十字架と復活の出来事である。(61) たとえば初代教会の伝道の内容は次のようなものであった。

イスラエルの人たち、これから話すことを聞いてください。ナザレの人イエスこそ、神から遣わされた方です。神は、イエスを通してあなたがたの間で行われた奇跡と、不思議な業と、しるしとによって、そのことをあなたがたに証明なさいました。あなたがた自身が既に知っているとおりです。

このイエスを神は、お定めになった計画により、あらかじめご存じのうえで、あなたがたに引き渡されたのですが、あなたがたは律法を知らない者たちの手を借りて、十字架につけて殺してしまったのです。

しかし、神はこのイエスを死の苦しみから解放して、復活させられました。イエスが死

に支配されたままでおられるなどということは、ありえなかったからです。（使徒二・二二～二四）

すでに述べたように、キリスト教の神は、イエスの人格を通して啓示される。したがって、イエスに関する経験が神に関する経験の基本になっている。ペトロの事例にあるように、弟子たちは地上のイエスに出会うことによってイエスのうちに神の力を認めた（ルカ五・一～一一）。しかしイエスの十字架の出来事によって、いったん信仰と希望を失った（マタイ二六・四七～五六、六九～七五）。

そして、復活したイエスと再会することによって、新しい信仰を獲得し、立ち直ることができた。この新しい信仰は、弟子たちのキリスト（メシア）に関する理解を刷新した。言い換えれば、弟子たちの復活の経験は、神に関する新しい経験をもたらし、同時に自己の内面に関するより深い省察《せいさつ》を可能にした。たとえば、彼らは真実のキリストが人々の罪のために十字架で苦しむ存在であることに気づき、自分たちが神によってどこまでも許されねばならない罪人《つみびと》であるということを自覚した。

したがって地上のイエスの言葉と出来事を学ぶことによっても信仰は生じるが、より深く堅固な信仰は、イエスの十字架と復活の福音を受け入れることによってのみ成立するのである。

そこでまず十字架に関する聖書の証言について検討する。

2　イエスの十字架の神学的意義

新約聖書学や歴史学の通説によれば、イエスの十字架は歴史的出来事であった。そこでおそらく次のような疑問が生じるであろう。

――イエスの十字架はイエスの敗北であり、神がイエスを見捨てたということではないのか。それにもかかわらず、なぜ教会はイエスをキリスト（救い主）として礼拝しているのか。全く理解できない。

この疑問を抱くことは当然である。使徒パウロも、十字架につけられたキリストは「ユダヤ人にはつまずかせるもの、異邦人には愚かなものです」（第一コリント一・二三）と断言している。十字架の言葉とは十字架につけられたイエスこそ真の神の子であり、キリストであるというメッセージである。パウロの言葉は不信仰なユダヤ人や異邦人に対する皮肉ではなく、十字架それ自体の不可解性を端的に表現している。

十字架につけられた人物が神の子キリスト（メシア）であるということは、ユダヤ人にとっても異邦人（ギリシア人やローマ人など）にとっても受け入れられないことであった。当時のユダヤ教では、キリスト（メシア）は、ダビデの末裔または神から遣わされた終末の王として出現し、イスラエルを抑圧する敵（ローマ帝国）を打倒し、栄光と平和の王国を築く（マタイ二・一～六、一一・三、マルコ一〇・四八、一一・九～一〇、一二・三五）。したがって、「十字架につけられたキリスト」はユダヤ人にとって「つまずかせるもの」、つまり、信仰を挫折させるものである。

また当時のギリシア人やローマ人にとって十字架刑は、「最も残酷で忌むべき刑罰」（キケロ）であり、十字架という音は「耳障り」（ウァロ）であった。十字架刑は極悪人に対する刑罰であるという社会通念があったから、これに処せられた人物を拝むということは、「病める妄想」、「むなしく愚かな迷信」（カエキリウス）にすぎないと評価された。しかもヘレニズムの諸文献において十字架刑に処せられた人々の苦難への道徳的反省および十字架刑という刑罰に対する批判や哲学的省察《せいさつ》は皆無である。(62)

以上の歴史的考察を前提にすると、十字架につけられたイエスをキリストと信じることは、ギリシア人やローマ人にとって愚かなことであり、不条理なことである。また現代人にとっても、十字架のキリストは「つまずかせるもの」であり、また「愚かなもの」であるに違いない。

以上のことを大前提としつつ、教会は十字架の出来事において「神の力と神の知恵」（第一コリント一・二四）が隠されていることを宣教している。なぜそのようなことがいえるのか。その理由として三つのポイントがあげられる。

まず第一に十字架上のイエスの姿は、私たちの人生を深く考え直す契機を与える。第一章第二節で学んだように、私たちは「諸行無常」という真理を思い起こさねばならない（三二頁）。この人生には限りがある。死は誰にも避けられない運命である。しかしそうだからといって、人生が無意味になるわけではない。むしろ死という事実を目の前にしてはじめて私たちは今の人生を真剣に考えることができる。

そしてイエスは人間を愛するがゆえに、人間の共通の運命を自ら引き受け、人間と共に苦しむ道を選んだ。そこで私たちは十字架上のイエスを見つめることによって、イエスの死を自分自身のものとしてとらえることができる。イエスの死の姿は自分自身の将来の姿なのである。

第二に第三章第一節で考察したように、人間の罪が死の力の根源になっている（七九頁）。ところが人間は自分の罪を自分で解決することはできない。そこで神は贖罪《しょくざい》（罪の贖《あがな》い）という救済行為を成就するために神の子イエスをこの世に派遣し、イエスが十字架にかけられることを許した（マタイ一六・二一、ヨハネ三・一六〜一七、ローマ三・二三〜二五）。つまり、十字架の出来事は、神の計画によって実現したものであり、そこに神の力が及ばなかったわけではない。

新約聖書における「贖罪」（redemptio, redemption）とは、罪と死に支配されている人間を神がイエスの恵みによって買い戻す（解放する）という意味である。この場合、イエスの血（命）

が買い戻すための対価になっている（マルコ一〇・四五、ローマ三・二三〜二五、エフェソ一・七、第一テモテ二・六、ヘブライ九・一二、一四〜一五）。すなわち、贖罪とは神が人間の罪を許し、さらに罪の力を消し去るということである。そのためにはイエスの命が犠牲にならねばならなかった。

ちなみにヨハネ福音書によると、イエスは「世の罪を取り除く神の小羊」（一・二九）である。「取り除く」の原語は αἴρω（アイロー）という動詞であるが、これは取り除くという意味のほかに、「持ち上げる」「運ぶ」「負う」などという意味を含む。そしてイエスは自ら十字架を背負ったが（同一九・一七）、これは人間の罪を負い、運んで、それを取り除いたということを示唆している。

第三にイエスの十字架はその復活と表裏一体の関係にある。もしもイエスが復活しなかったとすれば、イエスは単なる人間であり、もはや現在は生きていないことになる。そうなると、贖罪や永遠の命もむなしい幻想にすぎなくなる。そこで神の救いが現実のものとなるためには、イエスは復活し、現在も生きていなければならない。十字架の贖罪的な意義は、復活を基本にしている。ただし事実の経過としてイエスが復活するためには、その前に十字架の死が必要であった。

したがって十字架は死という人間共通の運命を示唆すると同時に、復活という永遠の世界に入るための入り口になっているのである。それゆえ私たちは十字架のイエスを見上げることとなしには、復活の恵みにあずかることはできない。このようなわけで、私たちはイエスの十字架の場面において神と出会うことができるのである。

第三節　イエスの復活

1　復活信仰の根拠

キリスト教に入るための最大の難関は、イエスの復活であろう。キリスト者の中でもイエスの贖罪を信じつつ、イエスの復活に疑いを持つ人がいる。これは復活信仰の困難さを示している。

もしもイエスの復活に関する聖書の記述が信じるに値しないものであるならば、それは最初から議論する必要はない。無論、イエスの復活の史実性を直接に証明することはできないが、それが信じるに値するものであることを証明することはできる。そのために「復活顕現」（復活したイエスが弟子たちなどに姿を現したこと）に関する最も古い証言を引用する。

最も大切なこととしてわたしがあなたがたに伝えたのは、わたしも受けたものです。すなわち、キリストが、聖書に書いてあるとおりわたしたちの罪のために死んだこと、葬られたこと、また、聖書に書いてあるとおり三日目に復活したこと、ケファ（ペトロ）に現れ、その後十二人に現れたことです。

次いで、五百人以上もの兄弟たちに同時に現れました。そのうちの何人かは既に眠りについたにしろ、大部分は今なお生き残っています。次いで、（イエスの弟）ヤコブに現れ、その後すべての使徒に現れ、そして最後に、月足らずで生まれたようなわたしにも現れました。

（第一コリント一五・三〜八）

第一コリント書はパウロが書いた手紙である。彼はここで教会の伝承を引用しているのであるが、それは次のような重要な事柄を伝えている。

第一に復活顕現は遅くとも死後三日目であった（実際にはもっと早い可能性がある）。これはイエスの死後すぐに復活信仰が生まれたことを意味する。つまり弟子たちが相談し、協議してイエスの復活を捏造するような余裕はなかったということである。イエスの死後、弟子たちが落胆し、意気消沈していたときに何か予想もしなかったことが起こったと考えた方が素直であろう。すなわちイエスの復活は彼らの幻想や想像の産物でないといえる。たとえば、マグダラのマリア、ヨハナ、ヤコブの母マリアなどが天使から聞いた復活のメッセージを弟子たちに知らせたとき、彼らは「この話がたわ事のように思われたので、婦人たちを信じなかった」（ルカ二四・九〜一一）。

第二にパウロは「キリストは三日目に復活し、ケファ（ペトロ）に現れ、その後十二人に現れた」と書いている。「現れた」の原語は ὤφθη（オーフテー）であり、受動態のアオリスト（過去形の一種）である。原形は「ホラオー」ὁράω（見る）という動詞である。そこで「オーフテー」は「見られた」とも訳せる。

立場を変えれば、弟子たちは復活したイエスの姿を「見た」ということになる。果たして彼らがどのような現象においてイエスを見たのかはもはや不明である。それはともかくとして、イエスは具体的な体を持っていたので、弟子たちは自然にイエスを見ることができたということになる。そのような原体験によってはじめて復活信仰が成立したということである。

第三にパウロが復活の伝承を聞いたとき、復活の証人の大部分はまだ生き残っていた（第一コリント一五・六）。つまり、復活の事実を疑った人々は、復活の証人に会って、直接その真偽を確かめることができた。おそらくパウロもそうしたと考えられる。その結果、疑いの余地はなかったということである。

第四に弟子たちは復活信仰を持ったのち、立ち直り、勇敢に伝道を開始したという事実である。彼らは、文字通り命を賭けて、イエスこそが神の子キリスト（メシア）であるということを伝道し始めた（使徒二・二二〜二四、三二〜三六）。しかも彼らのほとんどは、殉教したと伝えられている。

仮に彼らが故意に虚偽の宣伝を行ったとすれば、いったい何のためにそのような危険を冒す必要があったのか。当時、キリスト教徒は激しく迫害されていたから、キリストの復活を告知することは、彼らに何の利益も、もたらさなかったのである。福音の伝道に生涯を捧げたという彼らの生き方そのものに復活信仰の真実さが示唆されている。

2　イエスの復活の神学的意義

パウロは復活に関して次のように説明している。

死者の復活もこれと同じです。蒔《ま》かれるときは朽ちるものでも、朽ちないものに復活し、蒔かれるときは卑しいものでも、輝かしいものに復活し、蒔かれるときには弱いものでも、力強いものに復活するのです。つまり、自然の命の体が蒔かれて、霊の体が復活するのです。自然の命の体があるのですから、霊の体もあるわけです。（第一コリント一五・四二〜四四）

自然の命とは生前の命、つまり今、私たちが持っている命である。新約聖書における「復活」（resurrectio, resurrection）とは、今の命が単純に生き返ることではなく、全く新しい命として生まれ変わることである。復活したときには、霊の体という不滅の体が与えられる。そしてパウロは「実際、キリストは死者の中から復活し、眠りについた人たちの初穂となられました」(同一五・二〇)と証言する。すなわち、キリストは人間の復活を可能にするために、自ら死者の中から復活し、復活への道を切り開いたのである。ここにキリストの復活の救済論的意義がある。それゆえキリストの復活を信じる者は、自分自身も死後、復活して永遠の命が与えられる。

ただしキリストの復活は、自動的にすべての人々を罪や死の力から解放するのではない。東方正教会(ギリシア正教会)の神学によれば、各人が自分の意志で復活の命にあずかろうとして生きなければ、死は依然として人間の上に君臨する。人は死と堕落を自分の意志で招いたように、不死の命と復活の生活を自分の意志により自分の中に招き入れねばならない。そこで不死の命にあずかるためには現在の生の「浄化」が必要になってくる。東方正教会ではこれを「テオーシス」(神化・神との一致)と呼んでいる。(63)

この世の人生は、将来の復活のための道のりである。常識的に見れば、人生は死につつある過程であるが、復活を目標にする人生は新しい命へとよみがえりつつある過程である。キリストを信じる者は、キリストを通して決定的に神とつながるものとなり、神の本質に近づいていくのである。

ルカ福音書二四章一三～三一節によると、イエスの二人の弟子がエマオに向かって歩いている途中で、復活したイエスに出会った。しかし彼らはその人がイエスであることに気づかなかった。そして夕方になり、夕食を共にしたとき、はじめて彼らはその人がイエスであることを悟った。ところがその瞬間、イエスは姿を消した。レンブラントの絵画ではこの劇的な瞬間が見事に描かれている。（口絵11参照）

床屋談義【大宇宙の神秘】

地球物理学や宇宙論の基礎を学べば学ぶほど、私たちは自然の背後にある神の摂理の深遠さに驚嘆せざるをえない。多くの現代人は自分たちが生きていることを当然のことのように思い込んでいる。しかし、人類がこうして生きられるのは決して当然のことではないのである。おびただしい数の環境的条件がそろってはじめて生物は存在しうることがわかってきた。地球にはそれらの条件がすべて備わっている。それでは生物が生存できる天体はどのような条件を備えていなければならないのか。その中のいくつかの例を説明しよう[64]。

第一に厚い大気と豊富な液体の水が存在しなければならない。もちろん大気には酸素が必要である。そのためには適切な重力がなければならない。ちなみに誕生当初の火星は、地球と同様に二酸化炭素を主体とする濃い大気に覆われていたらしい。しかし、火星の重力は地球の重力の三分の一しかないため、火星の表面から大気がどんどん宇宙に拡散し、また海が蒸発してしまったと考えられている。これに対して地球は火星よりも大きいので、大気を維持するための重力を持っているのである。

第二に太陽のような恒星（自ら光や熱などを放射している星）が存在して、しかも恒星からの距離が適切であるところに天体（惑星）が存在しなければならない。ちなみに恒星の周囲で惑星の表面温度が液体の水を維持できる領域を「ハビタブル・ゾーン」（habitable zone）という。太陽系のハビタブル・ゾーンは、おおむね地球軌道のすぐ内側から火星軌道の内側くらいまでと考えられている。

もし地球の位置が今よりわずか数パーセント太陽に近ければ、太陽から受け取る熱が増え続けて、海の蒸発が進み、大気中の二酸化炭素や水蒸気が増える。そうなれば、温室効果が進み、地球の表面温度は百度を超えて、生き物は生存できない。その反対に今よりも十パーセント以上太陽から遠ければ、地球の温度は零度以上にはならず、海ができないので、やはり生命は生まれなかった。

第三に地球全体が太陽風から守られねばならない。太陽風とは、太陽から放射されている超高速のプラズマ流（原子の原子核と電子がばらばらになった状態）で、速度は秒速約四百五十キロメートルもある。太陽風は、高エネルギーの電気を帯びた粒子であり、もし地球に直接降り注いだならば、生物は死滅してしまう。

ところが地球には磁場があり、これが太陽風を防御する盾の役割を果たしている。そのため太陽風は地球を迂回している。したがって、もし地球に強力な磁場がなければ、生物は発生しなかったのである。人類が生きるためには、ほかにも多くの厳しい条件が必要になるが、煩瑣を避けるためにその説明は省略する。

私たちが住んでいる銀河系宇宙（天の川銀河）にはおよそ二千億個の星があるといわれている。しかも大宇宙にはほかにもたくさんの銀河がある。広大無辺ともいえるような大宇宙の中で生命体の生息が確認されている天体は、目下のところ地球だけである。

このようなことを考慮するならば、大宇宙において生命が発生する確率はきわめて低いということになる。ほとんど無限にゼロに近い確率となる。したがって、理論物理学者の村山斉が述べているように、地球に生命が存在しているということは、偶然にしてはできすぎである[65]。まさに奇跡に等しい。そこで創造主である神の摂理によって、人間は生まれてきたというように理解することは、自然科学に矛盾しない。むしろ道理にかなっているのである。

第五章　救済について　De Salvatione

この章では新約聖書の思想、とりわけ復活の思想を前提にしてキリスト教の救済論の本質を提示する。その際、文学や哲学の文献を参考にして現代の合理主義的な死生観の問題点を批判しながら、キリスト教の死生観に関する考察を展開する。

第一節　現代人の宗教的問題

1　現代の死の問題

現代の日本では伝統的な宗教が衰退し、特定の宗教に基づいた死後の世界が曖昧になっている。そのため多くの人々は明確な死生観を持つことができない。そこで「この世がすべて」「死んだら、おしまい」という人生観が優勢になっているという。すなわち、死を考えることは無意味であり、この世の生を享受することだけに没頭した方が賢明であるという人生観が主張されている。しかしそのように割り切って考えたとしても、それによって死への恐れや不安は解消されるであろうか。むしろ普通の人間は、自分という存在が永久に滅びることを嫌悪し、それを承認したくないのではなかろうか。

この問題についてドストエフスキーは、すでに『白痴』という作品の中で指摘している。イッポリートという肺結核を病んだ青年が登場する。彼は十字架にかけられて死んでしまったキリストの姿を思い浮かべるが、その後のキリストの復活というメッセージをどうしても信じることができない。

彼の見解によると、自然の法則は最新式の巨大な機械のようなものであり、それがキリストを粉々に打ち砕き、何の感情もなく呑み込んでしまった。キリストでさえもその力に勝つことはできないのであるから、誰もこの力から逃れることはできない(66)。

ここからわかるように、近代以降、合理主義の精神が強くなり、人間は宗教的な死生観よりも自然の法則を信じるようになった。自然の法則が絶対的真理であるならば、キリストの復活は不可能であるというわけである。

そこで多くの現代人は死という事実から目を背け、そこから離れて生きることが望ましいと考えている。ドストエフスキーの『悪霊』に登場するキリーロフはこの問題について深く洞察している。彼は通俗的な無神論者のように神や宗教に無関心ではない。それどころか彼は、神の存在が人生の根本問題と関係しているということに気づいている。彼は次のように語っている。

生は苦痛です。生は恐怖です。ゆえに人間は不幸なのです。現代はすべてが苦痛と恐怖です。いま人間は生を愛している、それは苦痛と恐怖とを愛するからです。そして、実際そのとおりにしてきたのです。いま生活は苦痛と恐怖の代償として与えられている、しかもその中にいっさいの欺瞞《ぎまん》が含まれているのです。今の人間は本当の人間じゃありません。今に幸福と誇りとに満ちた新人が出現する。生きても生きなくても同じになった人が、すなわち新人なのです。苦痛と恐怖とを征服した人はみずから神となる。そうすると、今までの神はなくなってしまう。(67)

キリーロフにとってなぜ生は苦痛で恐怖なのか。ここで誤解してはならないのは、彼は生（人生）そのものを嫌悪しているのではないということである。別の場面で彼は自分が幸福であると語り、また「人間が不幸なのは、ただ自分の幸福なことを知らないからです。（中略）それを自覚した者は、すぐ幸福になる、一瞬の間に」とさえ述べている。(68)

逆説的な言い回しであるが、彼は人生を心底から愛しているがゆえに、苦しみと恐怖を感じるのである。それはなぜかというと、彼が愛している人生には限りがあるからである。彼はこの世の生を楽しんでいる。もっと生きたいという生への欲求がある。しかし、人生には必ず終わりがある。そのことを意識すると、幸福感はたちまち暗黒の絶望感に変化する。そのことに気づいた人もキリーロフと同じ心境に陥るはずである。

多くの現代人は神なしで生きることができると思い込んでいる。経済と科学技術の発展により平均寿命が伸びて、元気な高齢者も増え、人間はいつまでも生きられるというように思い込んでいる。しかし、それはもちろん妄想にすぎない。それゆえキリーロフは、「その中にいっさいの欺瞞が含まれているのです」と主張する。

ただし、彼はもはや神の存在を心底から信じることができない。そこで神に替わって自分自身が神になろうとする。その神が「新人」である。彼によれば、新人は死の力を打ち破ることができる。この思想はフリードリヒ・ニーチェ（一八四四〜一九〇〇。ドイツの哲学者）の「超人」思想に似ている。ニーチェもキリスト教の神を信じることができなかった。しかし神の存在しない世界は「虚無」にすぎない。神が命を生みだし、道徳を定めるからである。したがって、ニーチェは神に替わって生きる力を与える「超人」の出現を提唱した。

第三章第一節で論考したように、聖書における「堕罪」とは、人間が神に反逆し、神の次元に昇ろうとして失敗し、逆に転落していくことである（八一頁）。キリーロフの無神論にはその傾向が認められる。彼は神を信じることができないから、神に取って替わろうとする。これは人間の堕落を意味するから、やはり罪なのである。

以上の攻究からわかるように、キリーロフの無神論は永遠の命を切望している。したがって、このような無神論はキリスト教思想と接点を持っているのである。キリスト教の根本的な救済とは、死の力からの解放である。キリスト教は人生の最大の問題が死であると主張している。人間には死の支配を打ち破る力はない。新人や超人の思想は所詮、妄想にすぎない。それゆえ私たちにとって、先駆者として死者の中から復活したイエス・キリスト（第一コリント一五・二〇）が必要なのである。

ところでフリードリヒ・ニーチェは、神の国、死者の復活、永遠の命という死後の世界を肯定したキリスト教の死生観を痛烈に批判している。

生《せい》の重心が、生のうちにではなく、「彼岸《ひがん》」のうちに―無のうちに―置き移されるなら、生からは総じて重心が取りのぞかれてしまう。人格の不滅性という大虚言が、本能のうちにあるあらゆる理性、あらゆる自然を破壊する……。（『反キリスト者』四三番）[69]

生の反対概念として案出された「神」という概念―この中にはすべての有害なもの、有毒なもの、誹謗的なもの、生に対する不倶戴天《ふぐたいてん》の敵、一切がっさいが一つになってぞっとするような統一をなしている！（『この人を見よ』八番）(70)

ニーチェはなぜこれほどまでにキリスト教思想を攻撃したのか。彼の人生論によれば、この世における人生を享受することが幸福につながる。毎日今、存在している自分の生（命）を愛するということである。それに対してキリスト教は「彼岸」、つまり神の国という死後の世界を作り上げ、今の命よりも「永遠の命」というむなしい概念を信じるように要求したというわけである。彼によれば、そのような死生観の根本に「神」がいる。そこでこの「神」を否定しない限り、この世の生は抑圧されたままであるということになる。

しかし、彼はキリスト教思想、とりわけ新約聖書の思想を誤解している。第一章第一節で考察したように、イエスはこの世で神の国を経験するように教えている。そのために自然の活動を注意深く見ることを求めている（二一頁）。すなわち、神の国という永遠の世界からこの世を見直すとき、この世はより美しく輝くのである。

人生には限りがあるから、そのことを深く考えるとき、人生に暗い影が宿る。したがって本当にこの世の生を充実させるためには、死後の世界に希望がなければならない。つまり永遠の世界の内に生きるという将来の希望が必要なのである。

2　時間の概念

夏目漱石の小説『行人《こうじん》』に登場する長野一郎は、次のように語っている。

「人間の不安は科学の発展から来る。進んで止《と》まる事を知らない科学は、かつて我々に止まる事を許してくれた事がない。徒歩から俥《くるま》、俥から馬車、馬車から汽車、汽車から自動車、それから航空船（飛行船）、それから飛行機と、どこまで行っても休ませてくれない。どこまで伴《つ》れて行かれるか分らない。実に恐ろしい」(71)。

これはおそらく大正時代の漱石自身の感想であろう。漱石の「不安」は現代になってさらに深刻になっている。当時と比べて、情報技術をはじめとする現代文明は長足の進歩を遂げている。各企業は矢継ぎ早《ばや》に新しい技術を開発しなければ、生存競争に負けてしまう。また消費者は猫の目のように変わる新しい商品に翻弄されている。社会全体がせわしく動き、明確な目的を持たずに、国民全体がどこかへ向かって進んでいる。そのため伝統的な価値観が衰退し、生きる意味そのものが忘れ去られている。

言い換えれば、現代人は時間に追われ、時間に支配されて生きている。しかも人生の目的は絶えず先送りされ、目標の達成という現実感がない。したがって今という時そのものに留まって安らぎを見いだすことができず、今をいつも将来の手段として消費している。絶えず数量化された業績が要求され、ひたすら明日に向かって変化していくことが促されている。このような時代状況においては、今の私たちの存在そのものに価値が認められていない。したがって今日《こんにち》の世の中は「実に恐ろしい」といわねばならない。

そこで私たちは改めて時間の概念を問い直す必要がある。しかもキリスト教の永遠の概念を理解するためには、時間の概念を根本的に見直さねばならない。宗教哲学者波多野精一(一八七七〜一九五〇)の所見によれば、時間には二つの概念がある。[72] 一つは文化的時間性である。これは時間を過去↓現在↓将来という流れとしてとらえる。この時間性においては、過去の行動が現在の状態の基本になっている。ある人が現在、幸福であるとすれば、それは過去の努力の結果である。それゆえ、過去が存在の供給者となっている。そこで文化的時間性に生きる者は、過去の自分の行動に満足しているので、なくなった過去を惜しむことがない。また将来を嘆くことなく、現在を生きようとし、現在の生を楽しもうとする。

もう一つは自然的時間性であり、これは文化以前の自然の時の流れである。現在という時は絶え間なく去来し、過去に移っていく。そして過去は消滅した事実であるから、「無」として体験される。すなわち、「今」という瞬間は次々と消滅し、過去になってしまう。そこで自然的時間性においては、時は将来→現在→過去へと流れる。この時間性では時間は有限であり、人間は自分の人生が日々短くなることを感じる。

そして人間は無意識の内に二つの時間性に従って生活している。おそらく普段は、文化的時間性の流れによって生きている。しかし人間の人生は有限であるから、誰しも自然的時間性の制約から解放されることはない。そこでふと我に返ったときに人生の無常に気づくのである。

またすでに述べたように、日進月歩の環境において過去の輝かしい業績も次第に色あせたものになる。そうなると、畢竟《ひっきょう》、蓄積された過去の成果を基礎にして現在を生きるということがきわめて困難になってしまうのである。それどころか、年齢を重ねれば重ねるほど、現代人は激変する周囲の状況に対応できず、過去の記憶にのみ生きることになってしまう。もはや現在を楽しむということは、幻想のようなものである。

3　キリスト教の永遠

以上の問題を解決するためにはキリスト教の永遠という思想が必要になる。キリスト教の救済（salvatio, salvation）とは、端的にいえば、喜ばしい永遠の生（命）が神によって与えられることである（RGG第四版、第三巻）。[73] たとえばヨハネ福音書では「神は、その独り子《ひと》をお与えになったほどに、世を愛された。独り子を信じる者が一人も滅びないで、永遠の命を得るためである」（三・一六）と書かれている。またローマ書六章二三節では「罪が支払う報酬は死です。しかし、神の賜物は、わたしたちの主キリスト・イエスによる永遠の命なのです」と書かれている。

永遠の生とは、現世の生とは全く次元の異なる生を指す。そこでこのような生は「新しい生」（vita《ヴィータ》 nova《ノーヴァ》）と呼ばれるべきである。教会ラテン語としての「ヴィータ」（vita）という言葉は、生、生の永続、生の方法、生の様式、生の変化、至福の生など多様な意味を含んでいる。つまり、新しい生とは、現世の人格の同一性を前提にしつつ、現世の生の方法や様式が根本的に変化している生（命）を指す。したがって、キリスト教の救済とは、キリストによって新しい生が与えられることである。

誰でも罪の結果として死を迎えねばならないが、キリストを信じる者は、死後に復活して、永遠の新しい命によって生きる。つまり、死後の復活が永遠の命の基盤になっている。ただしキリスト教の救済は、死後に始まるのでない。もし死後の救済のみが教えられるならば、ニーチェの批判を免れることはできない。私たちは死後の復活と永遠の命を信じたときに、すでにこの世において新しく生まれ変わり、永遠の世界の一部を経験することができるのである（ヨハネ六・四七、一七・三）。

無論、誰でも例の二つの時間性において生きている。しかし永遠の命を信じる人は、過去・

現在・将来という時間の区別を新しい視点からとらえることができる。すなわち、その人は過去の功績や善行をいたずらに自慢することなく、それらを神の恵みによるものとして感謝する。また過去の罪や過ちを素直に悔い改め、神に許しを願う。そして現在の時間を神から与えられた貴重なものとして受け止め、現在を懸命に生きる。さらに将来において死後の復活を信じ、復活を目標にして新しい命へとよみがえりつつある過程を歩むのである。

そして注意しなければならないのは、永遠の命の源泉は神のみであるということである。なぜならば、神のみが永遠の存在であるからである（詩六八・一七、イザヤ四四・六、六〇・二〇、第一テモテ一・一七、六・一六、ヘブライ七・二四）。そこで永遠の命を持つということは、人間がそれを自分の所有物として持つということではなく、呼吸をするように、たえず神から命を受け取るということである（マタイ一六・二五、ヨハネ一二・二五）。したがって毎日の生活においてそのことを意識して生きる必要がある。

しかも神は人間を愛するがゆえに、人間に命を与えるのであるから、神の命は神の愛（アガペー）として伝えられる。アガペーは無を転じて有となす愛であり、死ぬべき人間に永遠の命を与える愛である。[74] 言い換えれば、真の永遠とはアガペーを受け入れて、その内に生きることにほかならない。このように、永遠なる神との出会いによってはじめて、私たちは永遠なるものを経験することができるのである。

第二節　生き方としての救済論

1　贖罪（罪の贖い）

罪とは人間が神との関係を自ら破壊することである。人間が自分の罪に気づいたとき、神の裁きを受けているということを認識する。パウロはそれに関して、「不義によって真理の働きを妨げる人間のあらゆる不信心と不義に対して、神は天から怒りを現されます」（ローマ一・一八）と言明している。神の裁きは、神の怒りというイメージで人間の心を脅《おびや》かす。

そこでマルティン・ルターは、「死に臨んでいる人たちの不完全な信仰や愛は、必ず大きな恐れを伴う。そして愛が小さければ小さいほど、恐れは大きいということになるだろう」（『贖《しょく》宥《ゆう》の効力を明らかにするための討論』一四番）(75)と教えている。ルターによれば、もしも臨終において神を信じ、愛していなければ、神は愛ではなく怒りとして感じられる。臨終は人生の総決算である。その時、もしも自分の過去を完全に清算していないならば、心の疚《やま》しさが増大し、死への恐怖はより激しくなる。

それゆえトマス・ア・ケンピス（一三八〇～一四七一。カトリックの修道士・司祭）は、「あなたはきょう死のうとしているかのように、すべての行いと思いを整えなさい。もしあなたが善き良心を持っているなら、死をあまり恐れることはないであろう。死を逃れようとするよりは、むしろ罪を避ける方がまさっている。あなたがもしきょう死ぬ備えがないとすれば、どうしてあした備えがあろうか。あしたは不確かである。どうしてあしたまで生きると知れようか」[76]と教えている。

ここからわかるように、もしも私たちが毎日罪を避け、神との深い交わりの内に生きているならば、何も死を恐れる必要はない。そのために神との和解が必要になる（ローマ五・一〇）。神との和解は、贖罪によって行われる。これは第四章第二節で学んだように、罪と死に支配されている人間を神がイエスの十字架と復活によって買い戻す（解放する）という意味である（一二二頁）。つまりそれは対価を支払うイエスの「自己授与」（self-giving）を意味する。

そこでルターが述べているように、「（神の怒りである）呪いは、（神の永遠の恵みと憐れみである）祝福と争い、それを非難し、絶滅しようとするが、それはできない」[77]。なぜならば、誰もキリストの愛から私たちを引き離すことができないからである（ローマ八・三五〜三九）。**（口絵12参照）**

2　義認と再生

キリスト教の救済論には贖罪のほかに義認と再生という術語がある。義認（justificatio,

justification）とは、神の前で全く不正であると定められた人間が神によって義の内に置かれ、義として承認され、神との交わりの内に受容されることを意味する（ＲＧＧ第四版、第七巻）。[78]義認は根本的には、イエスの十字架と復活において起こったから（ローマ三・二四〜二五、四・二五、五・九）、イエスの自己授与（self-giving）という贖いのわざを基礎にしている。

ちなみにローマ書三章二二節では「すなわち、イエス・キリストを信じることにより、信じる者すべてに与えられる神の義です。そこには何の差別もありません」と書かれている。この場合の「神の義」とは、道徳的な意味での神の正義ではなく、（義を実行できない）罪人を義と宣言する神の救いということである。神はキリストの贖いにより、あえて罪人を義として認めるのである（同三・二三〜二六）。

そこでアラン・リチャードソンの解釈に従うと、義認そのものは人間の信仰的経験ではなく、人間に新しい生を与えるという神の客観的な行為なのである。[79]人間はキリストの贖いを信仰において受け入れるとき、神によって義と認められる。これを「信仰義認」という（同五・一）。

また「再生」（regeneratio, regeneration）とは新しく生まれること、神の子の身分が与えられること、新しく創造され、神との関係が修復されることである（ＲＧＧ第四版、第八巻）。[80]「新生」という術語で表現されることもある。

エーミール・ブルンナーの見解によれば、再生という比喩は「義とする信仰」の表現以外の何ものでもない。(81) ただし、義認が罪人の無罪宣告に強調点があるのに対して、再生は死からの復活に強調点があるといえる。パウロが主張しているように、罪は罪責であるだけではなく、死の根源である。罪が人間を神から引き離し、永遠の滅亡に陥れる。そこで再生とはイエスの十字架において自分の死を認識し、イエスの復活において自分が死の淵から引き上げられ、新しい命として生かされるという経験である（ローマ五・一二、六・二三、六・三〜八）。

そして教会の洗礼（バプテスマ）は、贖罪・義認・再生という救済を明確なしるしとして経験するための典礼である。たとえばローマ書六章四節では「わたしたちは洗礼によってキリストと共に葬られ、その死にあずかるものとなりました。それは、キリストが御父の栄光によって死者の中から復活させられたように、わたしたちも新しい命に生きるためなのです」と書かれている。そしてこの聖句を直訳すると次の通りである。

それゆえ私たちは、洗礼によって（洗礼を通して）彼（キリスト）と共に死の中へと葬られた。それはキリストが父の栄光によって（父の栄光を通して）死者の中から復活させられたように、私たちも命の新しさの中で歩むためである。

この文章は、おそらく「浸礼」（全身を水に浸すこと）という洗礼方法を前提にしている。「キリストと共に死の中へと葬られた」ということは、キリストの贖いの死を自分自身に起こった出来事として受け入れるという意味である。すなわち、私たちは古い自分（罪の内にある自分）のままではキリストと結ばれることができない。そこで古い自分は洗礼においてキリストと共に水の中に浸され、死ぬ。そして、水から引き上げられたとき、キリストと共に新しい命として復活するのである。

3 テオーシス（神化）

キリスト教の根本的な救いとは、キリストに所属し、キリストと結合することである。換言すれば、救済の本質はキリストを媒介とした神との結合である。これは東方正教会で θέωσις（テオーシス）と呼ばれ、「神化」と訳されている。リヨンの司教であったエイレナイオス（一三〇頃〜二〇〇頃）は、「人間が神になるために、神は自分自身を人間にした」と語った。正教会の伝統ではこの文章はテオーシスの定式的表現になっている。「だから、あなたがたの天の父が完全であられるように、あなたがたも完全な者となりなさい」（マタイ五・四八）、あるいは「愛する者たち、わたしたちは、今既に神の子ですが、自分がどのようになるかは、まだ示されていません。しかし、御子が現れるとき、御子に似た者となるということを知っています」（第一ヨハネ三・二）などの聖句は、テオーシスを意味していると解釈されている。

ただしテオーシスは、人間が文字通り神になることではない。それは人間各自が自由に神と結合し、神との一致を実現することであり、終末において最終的に成就する救済である[82]。しかもここでいう「神との一致」とは、神と人間との区別が消滅するということではない。これは「神の世界への参与」と言い換えることができる。

パウロは、「生きているのは、もはやわたしではありません。キリストがわたしの内に生きておられるのです」（ガラテヤ二・二〇）と、語っている。ヴェルナー・キュンメルの解釈に従うと、この文章はパウロが神秘主義者であったということではなく、復活したキリストが信徒の生を支配し、信徒がキリストに所属しているということである[83]。すなわち、テオーシスと同じ内容を表している。マルティン・ルターは、この文章を通して「キリストと私は一つである」[84]という信仰的経験を表明している。したがってテオーシスは、プロテスタントにとって決して異質な表象ではない（ヨハネ一五・一〜五参照）。

そしてテオーシスの成就のために贖罪、義認、再生などのプロセスが必要になるから、テオーシスはこれらの術語を包括する表現形式であるといえる。ところで信仰者は自分の心理において、贖罪のプロセスとテオーシスのそれとを厳密に区別することができない。自分がキリストによって贖われたという自覚を持ったとき、すでにテオーシスの働きも開始している。そしてテオーシスは具体的に人間の復活という運動において展開される。

【図1　神と人間】

罪の状態：　神 ―― 断絶 ―― 人間

テオーシス：

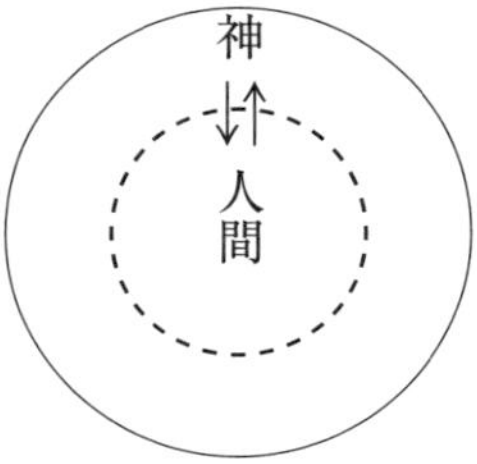

（注）人間の自己は固定的実体ではないから、自己と外界との境界は破線で表す以外にはない（諸法非我）。人間は自己を保持しつつ、神の世界に包まれている。矢印は神と人間との交流を表す。

ちなみに聖餐（聖体）は、キリストの贖罪の福音を重要な要素としている（マタイ二六・二六～二八）。すなわち、聖餐の外観はパンとぶどう酒であるが、それはキリストの体と血の現実性を表現している。牧師や司祭の言葉と聖霊の働きを通してキリストの体と血は会衆の中に現臨しているのである。それゆえ、会衆は聖餐においてイエスの犠牲による罪の許しを現実のものとして深く受け止めることができる。

しかし聖餐は、同時にテオーシスをしるしとして経験するための典礼でもある。完全なテオーシスは終末に実現するが、キリストに所属すること自体はすでにこの世において確認することができる。すなわち会衆は、聖餐を通してキリストの永遠の命を体得することができる（ヨハネ六・三五、三九～四〇、五三～五七）。

この世は無常迅速（人生はつかの間のことであるということ）である。キリストに従う者は、そのことを銘記しつつ、永遠の神の国へ向かって日々歩み続けるのである。**（口絵13参照）**

天使はまた、神と小羊（キリスト）の玉座から流れ出て、水晶のように輝く命の水の川をわたし（ヨハネ）に見せた。川は、都の大通りの中央を流れ、その両岸には命の木があって、年に十二回実を結び、毎月実をみのらせる。そして、その木の葉は諸国の民の病を治す。もはや、呪われるものは何一つない。神と小羊の玉座が都にあって、神の僕《しもべ》たちは神を礼拝し、御顔を仰ぎ見る。彼らの額には、神の名が記されている。もはや、夜はなく、ともし火の光も太陽の光も要らない。神である主が僕たちを照らし、彼らは世々限りなく統治するからである。（黙示二二・一～五）

床屋談義　【東方正教会のイコン】

東方正教会（正教会）の伝統では「イコン」（聖画像）が尊重されている。イコンはギリシア語のεἰκών「エイコーン」（像、似姿、心のイメージ）に由来する。キリスト、聖母、聖人などがモティーフとなっている。信仰生活に重要な意味を持ち、聖堂内のイコノスタス（聖障）[85]に掛けられるだけではなく、信徒の自宅にも安置され、崇敬される。

原始キリスト教は旧約聖書の伝統を継承しているから、偶像崇拝を禁止していた（出エジプト二〇・四、第一コリント八・四、第一ヨハネ五・二一）。イエスを意味する魚などの単純で象徴的なものを別にすると、紀元三百年以前の文書においてキリストの画像の存在を示唆するような文章は見いだされない。

しかし、正教会の伝説によれば、福音書の著者ルカは最初のイコン画家であり、生神女《しょうしんじょ》[86]マリアの肖像画を描いた。また別の伝説によれば、キリストのイコンの始まりは、キリストがエデッサ（小アジア）のアブガルという王を癒したことに求められている。病気になった王が、キリストに使者を遣わしたところ、キリストは布きれで顔をぬぐい、その布きれで王が癒されることを教えた。この布に写ったキリストの顔（聖顔）が、キリストの顔を書いたイコンの起源であるという。これは「人の手で造られざる像」という題名が付いている。イコンはキリスト両性論という正統信仰に基づいている。これはキリストのペルソナ（人格）のうちに神性と人性（人間性）とが共存しているという教えである。カルケドン公会議（四五一）において決定されたカルケドン信条によれば、キリストは「神性を完全に所有し、同時に人間性を完全に所有する。真の神であり、同時に理性的霊魂と肉体とから成る真の人間である」[87]。

新約聖書の証言によれば、キリストは最初から神性を持っていたが、人間の救いのために人間となった（ヨハネ一・一～二、一四）。

人間は神性そのものを経験することはできない（同一・一八）から、キリストのペルソナにおいて神性は直接には現れることがない。そこでイコンでキリストの人性を書き、人間はそれを通してキリストの神性に触れるという。

イコンを認めるべきかどうかに関して激しい論争が繰り返されたが、七八七年の第二ニカイア公会議（第七回公会議）において「生命を与える尊敬すべき十字架の像と全く同じように、尊敬すべき聖画像を飾らなければならない」[88]ということが決定された。その後、聖画像が破壊されることがあったが、八四三年に最終的に認められた。その神学的根拠として以下のような教えがある。[89]

少なくとも絵画の助けによって、完全な事柄を万人の目に明らかにするために、これ以後、われわれの神であるキリストはかつてのように小羊の姿ではなく、その人間としての姿で表現されねばならない。

これは六九二年のトルロス（円天井の部屋）教会会議で決定されている。

われわれの主イエス・キリストの肉における生涯と、その受難、救いを与える死、そこから生じる世界の贖いをめぐる想起の中で、われわれは、キリストをその人間的な姿で―すなわち、目に見える顕現によって―描く伝統を受け、このようにして御言葉（ロゴス）なる神の自己無化を崇めていると理解してきた。[90]

これはコンスタンティノポリス総主教ゲルマノス一世（在位七一五～七三〇）によるイコン擁護の主張である。「自己無化」とはケノーシスともいい、キリストが自分を無にしたということ、つまり、神の位置から人間の位置へと降下したということを意味している（フィリピ二・七）。

聖書の証言によれば、不可視の神が人間の肉体を受け取り、肉眼でも見える形となったのである。そこで信徒はイコンを通して、キリストの姿を見て、さらにその背後にあるキリストの神性に触れようとする。したがって、イコンは決して鑑賞のための美術作品ではない。

なお正教会は復活信仰を重視し、キリストの復活をキリスト教の原点と見なしている。そしてイコンでは陰府《よみ》（ハデース）に降下するキリストが描かれることによって復活の救済論的意義が明確に提示されている。キリストは陰府に降下し（第一ペトロ三・一九）、十字架の形をしている陰府の扉を打ち破っている。十字架の背後に釘、閂《かんぬき》、ドラが散乱しているが、この情景はキリストが死の力に打ち勝ったということを意味している（第一コリント一五・二〇）。そして、右側に控えているアダムとエバを死の力から引き離す。アダムとエバは旧約時代の人物の代表であるから、ここでキリストは旧約時代の人間をも救うということが表現されている。

使徒信条ではキリストは「十字架につけられ、死にて葬られ、陰府にくだり、三日目に死人のうちよりよみがへり、天に昇り」と書かれているが、正教の思想によれば、陰府の降下と復活は連続した出来事なのである。**（口絵14参照）**

第六章　祈りと黙想について　De Oratione et Meditatione

この章では祈りの必要性と方法論について考察する。新約聖書が真実、神の言葉になるためには読者の心の中に聖霊が入り込み、読者が聖書の世界を神の世界として経験する必要がある。そのことを可能にするための祈りと黙想の方法を検討する。

第一節　聖霊の経験

1　祈りに関する問題

私たちが神を経験するということは、聖霊の力を受け取るということである。それでは私たちはどのようにして聖霊の力を受けることができるのか。教会の伝統的な教えによれば、それは祈りを通してのみ可能になる。たとえどのように深い哲学的黙想を行ったとしても、神への祈りなしには、聖霊の働きを経験することはできない。

たとえばパウロは「絶えず祈りなさい」（第一テサロニケ五・一七）と勧めている。またイエスは、朝早くまだ暗いうちに、起きて、人里離れた所へ出て行き、そこで祈った（マルコ一・三五）。聖霊のエネルギーは、祈りという唯一の通路を経由して人間の中に入ってくるのである。

それではそのために、私たちはどのように祈ればよいのか。カトリック教会では公式の祈祷書に従って、「エピクレーシス」という祈りが司祭によって捧げられる。「エピクレーシス」ἐπίκλησις とは、ギリシア語で「要求」「祈り」「祈願」という意味である。

プロテスタントでも、聖餐式の始めに牧師が「エピクレーシス」を唱えて、聖霊の臨在を祈願する教会がある。しかし、そのような祈りはむしろ例外的である。そしてプロテスタントは概して、公式化された祈りを嫌い、牧師や信徒が自由に祈ることを好む。むしろ「聖霊に導かれて」、祈ることが勧められている。しかしよく考えてみると、このような慣例に対して次のような疑問が生じるはずである。

——そもそも信徒が聖霊に導かれて祈るためには、どうすればよいのであろうか。「聖霊に導かれて」といいながら、結局のところ、明確な原則があるわけではなく、信徒は気ままな感情に流されて祈っているだけのことではないのか。気分がよければ、長々と祈るが、そうでなければ、祈りはおろそかになるのではないのか。あるいは毎日決まり切った文句を繰り返しお題目のように唱えることになるのではなかろうか。

もし祈りがこのようなものにすぎないならば、それは単なる人間のモノローグにすぎず、神との交流は成立しないといえる。したがって聖霊の経験のためには、祈りの原則がある程度神学的に定められる必要がある。

ただしそれは、祈りを定式化することを意味しない。祈りの定式（教会で制定された祈りの言葉）ではなく、祈りの原則が重要である。もし私たちが祈りに関する基本的な原則を持っていれば、毎日安定した祈りを続けることができるはずである。

2　祈りの原則

その原則とは、簡単にいえば、祈りを始める前に神の臨在を明確に意識し、神との交わりを持とうとすることである。アメリカの神学者ハリー・エマーソン・フォスディック（一八七八〜一九六九）によれば、神の臨在の意識こそが、祈りの神髄である。祈りはあらゆるものの源なる父なる神に、ひそかに強く心を捧げることである。[91]

「祈るとき、神の臨在を意識し、神との交わりを持とうとすることは、当然のことではないのか」という疑問が生じるであろう。しかし、そうではないのである。実際多くのキリスト者がそのことを意識せずに祈っている。すなわち、冗漫な祈りを繰り返すことによって神の意志を変えようとしている。そこには神との交わりという意識がない。ただ一方的な人間の要求が主張されているだけである。

もちろん神への懇願も、祈りにおける一つの要素である。イエスは「わたしの名によって願うことは、何でもかなえてあげよう」と述べている（ヨハネ一四・一三）。しかし、ここでイエスは人間の個人的願望をそのまま実現することを約束しているのではない。ここでは「神の定めた計画に沿った事柄を願うのであれば、その願いは実現する」ということが約束されているのである。ちなみにイエスは次のように教えている。

「二羽の雀《すずめ》が一アサリオンで売られているではないか。だが、その一羽さえ、あなたがたの父のお許しがなければ、地に落ちることはない。あなたがたの髪の毛までも一本残らず数えられている。だから、恐れるな。あなたがたは、たくさんの雀よりもはるかにまさっている」。（マタイ一〇・二九～三一）

神は一羽の雀でさえ知っている。ましてや私たち人間はすべて神によって知られている。神はこの世のあらゆる人間を知り、その心の状態を見抜いている。したがって私たちが神に祈る前から、すでに神は私たちに必要なものを用意しているのである（マタイ六・三二）。それゆえ祈りの目的とは、神の意志を変えることではなく、すでに決まっている神の計画を知ることなのである。言い換えれば、祈りとは、「神の個人への配慮を信じて、それを自分のものとすることである」[92]。このような祈りによってはじめて、神との交わりは実現するのである。

言い換えれば、神の個人への配慮は、祈りを通してのみ実現する。もしも私たちが祈らなければ、神との交わりを自ら遮断していることになる。その場合、神の各人への働きかけは起こらない。神の働きかけ、つまり聖霊の力は各人の祈りを通してのみ日常的なものになるのである。

さらにいうならば、私たちは祈りを通してはじめて神の存在に気づくのである。神は万物の創造主であるから、私たち人間の外側にいる。しかし神は、宇宙全体を超えているから、私たちは神それ自体を見ることができない。そこで神は聖霊を通して私たちの心に宿る（ヨハネ一四・二〇、第一コリント三・一六）。そして祈りは、聖霊が私たちの内に入り込むための通路である。

それゆえ私たちは、毎日継続的に祈らねばならない。その場合、簡単な黙想（meditatio,

meditation）が有益である。ここでいう黙想とは、神との交わりを深めるために適切な心を整えることである。心が散漫になったり、特定の感情に左右されていれば、聖霊を受け入れることができない。そこで黙想は祈りの準備であり、プロローグであるといえる。

また黙想は祈りのエピローグでもある。祈った直後にすぐに立ち上がったり、ほかの行動に移ることは適切ではない。祈りののち、しばらく黙想することも肝要である。祈りを通して神と交わした言葉をしばらく、思い起こすことをおすすめする。それによって聖霊のエネルギーが自分の意識の内に留まることになる。そうしなければ、せっかく受けた聖霊のエネルギーが雲散霧消することになるかもしれない。

またエピローグの黙想のあとでさらに祈りたくなることもある。その場合、黙想は第一の祈りと第二の祈りをつなぐ役割をも果たしている。

【図1　黙想と祈り】

黙想（プロローグ）⇩⇩⇩祈り⇩⇩⇩黙想（エピローグ）

3　マインドフルネス

さらに黙想をより深いものにするために、「マインドフルネス」という方法論を紹介しよう。聖霊の経験は人間の理性を超えた次元に属するから、それは神秘的経験と同一視される場合がある。しかし一般にこれは「幻視」「忘我」などの異常な内的状態を指すことが多い。これに対して、聖霊の経験はそれよりも広い意識のカテゴリーであり、しかも理性では完全にとらえられないものである。

私見によれば、このような宗教的意識は、「マインドフルネス」(mindfulness)と名付けられる。これはベトナム出身の禅僧ティク・ナット・ハン(以下「ナット・ハン」と省略する)の術語である。彼の所見によれば、禅の修行とは日常生活の一つ一つに「マインドフルネス」のエネルギーが行きわたるようにすることである。マインドフルネスとは深い「気づき」のことであり、すべての存在や行為に当てるエネルギーである。(93)

少年時代のナット・ハンはベトナムの禅寺で、禅の教則本『律小』の第一部『毘尼日用切《びににちようせつ》要《よう》』に記載されている偈頌《げじゅ》(ガーター)を暗記した。偈頌とは短い詩句のことで、これを用いて、日常の一つ一つの行為にマインドフルネスのエネルギーを充満させる。すなわち、修行者はどのような行為においても特定の思念をもって行わねばならない。たとえば手を洗うときには、偈頌を暗唱しながら、次のような思念を意識の内に呼び起こす。「水が両手の上を流れていく。かけがえのない地球を保つために、どうかこの水を上手に使えますように」。また坐禅堂で坐っているときなら、「ここで坐ることは菩提樹のもとで坐っているようなものなのだ。私の身体は、マインドフルネスそのものであり、心に全く散乱がない」と思念するのである。(94)ちなみにゴータマ・ブッダ（釈迦）はアシュヴァッタ樹（俗に「菩提樹」という）で悟りを開いたという。

もう少しわかりやすくいうと、マインドフルネスは特定の明確な意識であり、これを継続的に保持することによって集中力が養われ、深い洞察と目覚めが生じる。マインドフルネスの修練により、私たちは今ここに留まって、現在の瞬間に起こるすべてのことを目撃し、自己の内部や外界で起こったことに気づくことができる。

それではマインドフルネスの精神は、キリスト教思想といかにして関連付けられるのか。ナット・ハンの見解に従うと、聖霊とマインドフルネスは、ほとんど同じものである。両方とも癒やしの力を引き出す媒体である。聖霊は一羽の鳩のようにイエスの上に舞い降りてきて、彼の体の中に深く浸透した。イエスは聖霊の力によって彼の体に触れる者を癒やしていった。(95)

(口絵15参照)

ただし聖霊は、単なる神のエネルギーではない。それは神のペルソナ、すなわち、神の存在の仕方である。神は父、子、聖霊という特別な仕方（存在の形式）において神なのである。しかし聖霊は、この世で神のエネルギーとして人間に働きかける。したがって、キリスト教的なマインドフルネスとは、聖霊のエネルギーを受容しようとする明確な意識（気づき）であり、また聖霊によって授与された気づきのエネルギーでもある。このエネルギーは聖霊と渾然一体の関係にあるから、人間は両者を明確に区別することができない。

実際問題として、一般信徒や求道者が日常生活で本格的な黙想を行ったり、聖霊の働きに気づくことは難しいことである。聖霊の経験のためには、マインドフルネスは、容易な方法論となりうる。たとえばカトリックの聖体（聖餐）のサクラメント（救いの恵みのしるしとして制定されている典礼）について、ナット・ハンは次のように論述している。

皮肉なことですが、今日ミサが執り行われるとき、まったくといってよいほど、会衆に気づきの心が喚起されていません。同じ言葉を何度も何度もくりかえしきいているものですから、いささか注意散漫になってしまっているのです。これこそが、かつてイエス御自身が弟子たちに対して、克服しなければならないと思われたことではなかったでしょうか。（中略）私たちが真にそこに存在するとき、いまこのときに深く生きるとき、そのパンとワインが真にキリストの肉体であり、血であると気づき、司祭の言葉が真に主の言葉であったことに気づくのです。キリストの身は神の身であり、あらゆる存在の基礎となる、永遠の実在の身と

なるのです。(96)

カトリックの実状はわからないが、少なくともプロテスタントの聖餐に関する限り、このような問題があることを否定できない。会衆はどのような心構えで聖餐を受ける必要があるのかという指導なしに、聖餐式がセレモニーとして執行されている。したがって多くの会衆は、聖餐における聖霊の働きを感じ取ることができない。

そこでもしも信徒がマインドフルネスという意識を高めることができれば、聖霊を通したキリストの命を体得しうるはずである。確かに聖餐において配られるパンとぶどう酒は、物理学的に見れば、単なる物質である。しかし、もしも私たちが次のように意識を集中して祈り、パンとぶどう酒を受け入れるならば、それらを通してキリストの命を身体的に受け取ることができる。

――このパンを感謝していただきます。このパンはキリストの体です（第一コリント一一・二三～二四）。私たちはパンを分け合うことで、キリストの命を分け合うことができます。キリストはぶどうの木、私たちはその枝です（ヨハネ一五・一～五）。どうかパンをいただいて、キリストの一部になることができますように。

このぶどう酒を感謝していただきます。このぶどう酒はキリストの血です（第一コリント一一・二五）。このぶどう酒を飲むことで、キリストの血が私たちの体内に流れます。どうかキリストの血によって私たちの罪を清め（第一ヨハネ一・七）、私たちに新しい命をお与えください。（ヨハネ六・五四）

また日常の聖書の学びを通して家庭においても、聖霊を単なる宗教的観念としてではなく、現実のエネルギーとして経験することができるはずである。そのためには聖書の言葉を媒介にして私たちは自分という存在を毎日意識しなければならない。すなわち、今の自分は昨日の自分と同一ではなく、毎日（キリストの命を伝える）聖霊によってその都度、命が与えられているという意識が必要である。

ちなみに神は、さまざまなしるしを通して聖霊のエネルギーを与えている。それは自然現象においても認められる。たとえば毎日朝日を浴びるとき、それをキリストの光として受け取るのである。キリストは万物の創造者であるから、光の源である（ヨハネ一・三〜五）。キリストの命は、単なる観念ではなく、日光を通して伝えられている。

イエスは再び言われた。「わたしは世の光である。わたしに従う者は暗闇の中を歩かず、命

の光を持つ」。（同八・一二）

第二節　呼吸による黙想法

1　呼吸への気づきと身心一如

すでに述べたように、マインドフルネスは禅宗の修行法に基づいている。そこでここでは禅宗の修行法をキリスト教の黙想に応用できる方法を考察する。

禅宗は坐禅を修行の中心とし、禅の思想を宗《むね》とする宗派である。また禅、すなわち、禅定《ぜんじょう》は心を静かに統一して黙想することである。その場合、身体を安定させることによって心を安定させるということが意図されている（身心一如《しんじんいちにょ》）。そして、禅宗では坐禅の姿勢および意識的呼吸が身体を安定させるのに最も適切であるという。

坐禅に関する作法については、拙著『キリストの道』(97)で説明しているので、ここでは省略する。その替わりにナット・ハンが、『呼吸による完全な気づきの経典』（アーナパーナサティ・スッタ）を基本テキストにして呼吸の黙想方法を教えているので、この経典を引用しながら考察する。これは元来、パーリ語で書かれた南伝系の経典である。パーリ語はインドの俗語の一種である。

息を吸いながら、息を吸っていることを知る。息を吐きながら、息を吐いていることを知る。(98)

ナット・ハンの解説によれば、呼吸は「目覚めへの道であり、意識の集中を持続させる方法」である。私たちは呼吸によって私たち自身と周囲の環境を丁寧に、持続的に、深く観察することができる。またそれによって心の解放に到達することができる。(99)

当然のことながら、私たちが生きているということは、呼吸をしているということである。したがって、私たちが本来の自分（命の本質）に目覚めるためにはまず自分が持続的に呼吸しているという事実に気づかねばならない。ところが、大抵の人々は普段、自分の呼吸を意識していているわけではない。そこで引用した経典に書かれているように、意識的に息を吸い、息を吐くという動作を繰り返さねばならないのである。呼吸という入り口を通って私たちは本来の自分に帰ることができるというわけである。

ところで禅寺の座禅会ではなるべくゆっくりと長く、息を吸い、吐くことが教えられる。しかし、ナット・ハンによれば、最初はそのことを心がける必要はない。息が短ければ、それを意識するだけでよいという。私見によれば、無理に呼吸を長く深くしようとすれば、黙想そのものが苦痛になってくるおそれがある。したがって、呼吸が短ければ、短いままでそれを意識すればよいのである。それを続けていれば、自ずと呼吸は長く深くなっていくものである。

ところで「霊」の原語は、πνεῦμα（プネウマ）であり、これは神から発出する超越的な力である。またこれは空気の動きをも指しているから、「風」「息」「命の原理」という意味にもなる。すなわち、プネウマは、物質的現象（風、息）と霊的現象の両方を意味している。そもそも聖書の思想によると、霊と物質は区別されつつも、本質的に対立するものではない。むしろ霊は物質を動かし、物質を媒介にして人間に働く。たとえばヨハネ福音書三章八節では次のように書かれている。

> 風は思いのままに吹く。あなたはその音を聞いても、それがどこから来て、どこへ行くかを知らない。霊から生まれた者も皆そのとおりである。

「風」の原語はプネウマであるから、「霊は思いのままに吹く」と訳すこともできる。またプネウマは神の霊であるだけではなく、それを受け止める人間の能力でもある。すなわち、人間は霊の次元において神と交わる。たとえば風という自然現象を通して私たちは、霊の働きを経験することができる。

同様に人間の呼吸という物理的現象は聖霊の働きという霊的現象によって維持されているのであり、その事実に深く気づくことによって聖霊のエネルギーを経験できるはずである。

なお呼吸による黙想は、できれば、静かな環境において坐禅の姿勢で行うのが望ましい。しかし、正座でも、また歩く動作においてもそれを行うことは可能であり、毎日の動作においてそれを行うことが心の平安につながっていくのである。

息を吸いながら、全身に気づく。息を吐きながら、全身に気づく。(『呼吸による完全な気づきの経典』[100])

意識的な呼吸を続けることにより、私たちは体を自覚することができるようになる。呼吸は身体運動であるから、私たちは呼吸という入り口を通して体全体を受け入れることができる。禅宗の「身心一如」の境地に入ることができる。身心一如とは、身体と心が本来一つのものであり、別個の実体ではないという意味である。

そしてこの境地は、従来のキリスト教思想が見落としていたものである。通常のキリスト教では祈るとき、自分の体を意識することはない。意識は自分の感情、思考、欲求などに向けられている。また神に向かっているつもりでも、実際には自分が形成した神の観念に向かっていることが多い。

祈りは本来、神と人間との相互交流であるが、精神だけに集中する祈りは、人間の一方的な働きかけになりがちである。しかし、身体への気づきを伴う祈りは、聖霊のエネルギーを全身に感じることができるようになる。つまり、祈りにおいて呼吸と身体への気づきの黙想を活用することによって、祈りは充実感を伴うものとなる。

そして、呼吸の黙想によって頭、顔、首、両肩、背中、両手、胸、腹、腰、臀部《でんぶ》、両足など、体の各部分を観察すると、自分の体の実在に深く気づき、呼吸と身体、呼吸と心、身体と心とが一致するはずである。また体内の血管に血が流れていることに気づくならば、自分が生きているという実感が更に深まる。このような体の活動の原動力が聖霊なのである。

そこでこのような黙想は、まず祈る前に行い、さらに祈りの合間にも行う方がよい。そうすれば、この黙想を通して聖霊の運動と呼吸の運動が一致し、身体と心の一致のみならず、自分の存在全体と聖霊の働きの一致を経験しうるであろう。

【図2　聖霊と呼吸】

聖霊の息吹　↓↑　人間の呼吸（身体と心）

2　幸福感

息を吸いながら、喜びを感じる。息を吐きながら、喜びを感じる。
息を吸いながら、幸福を感じる。息を吐きながら、幸福を感じる。

（『呼吸による完全な気づきの経典』(101)）

ここで述べられている「喜び」と「幸福」は心の平安を意味する。平安の境地こそが私たちの真の幸福と生の充実を与える。私たちは毎日の生活において一喜一憂している。それは周囲の状況の変化によって自分の心が振り回されているからである。

たとえば、娯楽による喜びは、気分の高揚を伴うが、それは長続きしない。時間が経てば、元の木阿弥の状態に戻ってしまう。また体調が悪かったり、何か不都合なことが起これば、たちまち憂鬱な気分が私たちを支配してしまう。もしもそのようなことの繰り返しであれば、信仰生活も不毛なものとなってしまう。

使徒パウロは「主において常に喜びなさい。重ねて言います。喜びなさい。あなたがたの広い心がすべての人に知られるようになさい。主はすぐ近くにおられます。どんなことでも、思い煩うのはやめなさい。何事につけ、感謝を込めて祈りと願いをささげ、求めているものを神に打ち明けなさい。そうすれば、あらゆる人知を超える神の平和が、あなたがたの心と考えとをキリスト・イエスによって守るでしょう」（フィリピ四・四～七）と教えている。

これは決しておめでたい楽観論ではない。パウロ自身、伝道活動において何度も死の危機に瀕するような苦難を受けている（第二コリント一一・二三～二七）。それにもかかわらず、彼はキリストにおいて喜ぶことができた。それはキリストの霊（聖霊）の働きを受けて、いつも心の平安を得ることができたからである。そして禅宗の黙想に基づく祈りは、このような境地に至るために有効なのである。またこのような境地を獲得してはじめて、私たちは心の余裕を持つことができる。心の余裕がなければ、私たちは自分のことだけを考え、継続的に隣人を愛することはできないであろう。したがって、心の平安は、隣人を愛する力の源でもある。

ところで呼吸による黙想は、散歩においても実践することができる。たとえば風の音や力を感じるとき、新鮮な空気を意識的にゆっくりと吸って、吐き、そのエネルギーと交流する。そのエネルギーこそ聖霊の力である。そして次の聖句を暗唱することでこの黙想を深めることができる。

見よ、神は山々を造り、風を創造し、その計画を人に告げ、暗闇を変えて曙とし、地の聖なる高台を踏み越えられる。その御名は万軍の神なる主。（アモス四・一三）

ここから分かるように、神は自然現象を通して毎日活動している。自分の好きな聖句を暗唱しながら、悠然と散歩を続けるならば、聖霊の力をより深く感じることができる。

注

（1）イエルク・ツィンク『いばらに薔薇が咲き満ちる』宍戸達訳、新教出版社、二〇〇一年、一九頁。
（2）日本では「日本ハリストス正教会」と称している。
（3）日本ではいくつかのプロテスタントの教派が「日本基督《キリスト》教団」に所属しているが、そこに所属していないプロテスタントも少なからずある。
（4）『セネカ哲学全集1』兼利琢也ほか訳、岩波書店、二〇〇五年、三一一～三一二頁。
（5）同書、三二〇頁。
（6）リチャード・ボウカム『イエス入門』山口希生ほか訳、新教出版社、二〇一三年、六二一～六二三頁。
（7）『荘子第一冊』金谷治訳注、岩波書店（岩波文庫）、一九七一年、三八～三九頁。書物である『荘《そう》子《じ》』は三十三篇から成り立っている。その内容は内篇《ないへん》七篇、外篇十五篇、雑篇十一篇に分けられる。ただし、通説によれば、その三十三篇すべてが荘子の著作というわけではない。内篇のほとんどは荘子によるものであるが、外篇と雑篇は荘子の影響を受けた「荘子学派」が約百五十年をかけて内篇の思想を敷衍《ふえん》したものであるという。そこで本書では『荘子』の著者を便宜的に「荘子」と名付けておく。

(8) ウルリヒ・ルツ『EKK新約聖書註解I/2 マタイによる福音書(八―一七章)』小河陽訳、教文館、一九九七年、五二三頁。

(9) 同書、四七~四八頁。

(10) カスパー・ダーフィット・フリードリヒ(一七七四~一八四〇)。ルンゲと共にドイツ・ロマン派を代表する風景画家。北ドイツの厳しい自然を通して人生のはかなさ、救済、超越的なものへの憧憬《しょうけい》などを象徴的に表現した。千足伸行『すぐわかる西洋絵画よみとき 66のキーワード』東京美術、二〇〇八年、二二一~二二三頁。

(11) http://www.wga.hu/index1.html

(12) 仏教の開祖はゴータマ・シッダールタ(ブッダ)、すなわち、世にいう釈迦である。生没年は前四六三~前三八三年、同五六〇~四八〇年など諸説あるが、八十歳で入滅したことは定説になっている。釈迦の正式名称は、「釈迦牟尼《しゃかむに》」であり、これはサンスクリット語(梵語)の「シャーキャ・ムニ」の音訳で釈迦族の聖者を意味する。仏教徒は「釈尊《しゃくそん》」(釈迦牟尼仏世尊《しゃかむにぶつせそん》)と呼んでいる。ブッダは元来「真理に目覚めた人」という意味の尊称であるが、通常ブッダとは歴史上の人物である釈迦を指す。

(13) 末木文美士『思想としての仏教入門』トランスビュー、二〇〇六年および宮元啓一『ブッダが考えたこと』春秋社、二〇〇四年を参考にした。

(14) 『ブッダの真理のことば 感興のことば』中村元訳、岩波書店(岩波文庫)、一九七八年、四九頁。

(15) 宮元啓一、前掲書、一四六頁。

(16) 末木文美士、前掲書、五六頁。なお宮元啓一の解釈によると、五蘊盛苦とはこの世に生きていること自体が苦であるという意味である（前掲書、一四八頁）。
(17) 末木文美士、前掲書、五六頁。
(18)『ブッダの真理のことば　感興のことば』四九頁。
(19) 同書、一六三頁。
(20)『平家物語（上）』水原一校注（『新潮日本古典集成』）、新潮社、一九七九年、二五頁。
(21)『ブッダの真理のことば　感興のことば』四九頁。
(22) 末木文美士、前掲書、五八～五九頁。
(23)『ブッダの真理のことば　感興のことば』一六～一七頁。
(24)『ブッダのことば』中村元訳、岩波書店（岩波文庫）一九八四年、二二四～二二五頁。
(25) 高崎直道『仏教入門』東京大学出版会、一九八三年、一四五～一四六頁。
(26)『法華経（下）』坂本幸男ほか訳、岩波書店（岩波文庫）一九七六年、一六頁。
(27) 末木文美士、前掲書、六四～六五頁。無我説の問題点と学説の展開については、高崎直道、前掲書、一七一頁以下を参照。
(28) 中村元『佛教語大辞典』東京書籍、一九八一年、六八九頁。
(29)『芭蕉句集』今栄蔵校注（『新潮日本古典集成』）新潮社、一九八二年、二二九頁。
(30) Ebeling, Gerhard, Dogmatik des christlichen Glaubens, 4. Aufl., Bd. 1, Tübingen: Mohr Siebeck, 2012, S. 222.
(31) ブレーズ・パスカル『パンセI』前田陽一ほか訳、中央公論新社、二〇〇四年、二四八～二四九頁（三四七番）。

(32) 同書、一四七頁（一九四番）。

(33) 『クラウス・リーゼンフーバー小著作集Ⅰ（超越体験）』知泉書館、二〇一五年、四七～五一頁。

(34) 『新潮世界文学第一一巻（ドストエフスキーⅡ）』工藤精一郎ほか訳、新潮社、一九六八年、二二三八頁。ドストエフスキー（一八二一～一八八一）はロシアの小説家。

(35) 高橋虔ほか監修『新共同訳旧約聖書注解Ⅰ』日本基督教団出版局、一九九六年、一二三頁。

(36) 同書、一二五～一二六頁。

(37) 『ブルンナー著作集第二巻』熊澤義宣ほか訳、教文館、一九九七年、一五六頁。

(38) Tillich, Paul, Systematic Theology, vol. 1, The University of Chicago Press, 1951, p. 235. パウル・ティリッヒ『組織神学第一巻』谷口美智雄訳、新教出版社、二〇〇四年、二九八頁。

(39) カール・バルト『ローマ書（一九二二年版）』吉村善夫訳、新教出版社、二〇〇四年、一九八頁。

(40) アンダース・ニーグレン『アガペーとエロースⅠ』岸千年ほか訳、新教出版社、一九五四年、一七頁。

(41) 同書、一九頁。

(42) オリゲネス『諸原理について』小高毅訳、創文社、一九七八年、九八頁。

(43) H・デンツィンガー編『カトリック教会文書資料集』浜寛五郎訳、エンデルレ書店、一九九二年、一八六頁（八〇〇番）。

(44) 『アウグスティヌス著作集第一三巻』泉治典訳、教文館、一九九五年、二一七頁。

(45) トマス・アクィナス『神学大全第八冊』高田三郎ほか訳、創文社、一九六二年、二三〇～二三一頁。

(46) トマス・アクィナス『神学大全第一二冊』稲垣良典訳、創文社、一九九八年、二二四〜二二五頁。

(47) マルティン・ルター『生と死の講話』金子晴勇訳、知泉書館、二〇〇七年、八〇〜八一頁。

(48) 同書、八一頁。

(49) ステファヌ・クルトワほか『共産主義黒書（ソ連編）』外川継男訳、恵雅堂出版、二〇〇一年、一二頁。

(50) マーティン・メイリア『ソヴィエトの悲劇（上）』白須英子訳、草思社、一九九七年、三五七頁。

(51) Balz, Horst and Schneider, Gerhard（ed.）, Exegetical Dictionary of the New Testament, vol. 2, Grand Rapids: Eerdmans, 1991, pp. 232-234.

(52) 織田昭編『新約聖書ギリシア語小辞典』教文館、二〇〇六年、三六九頁。

(53) Balz, Horst and Schneider, Gerhard（ed.）, Exegetical Dictionary of the New Testament, vol. 2, p. 417.

(54)『アウグスティヌス著作集第五巻I』宮谷宣史訳、教文館、一九九三年、一三三頁。

(55) グノーシス主義とは、紀元一世紀半ばにパレスチナおよびシリアで発生した多種多様な宗派の総称である。内容として後期ユダヤ教の黙示思想、神秘宗教、イランの宗教およびギリシア哲学の要素を含んでいる。またゾロアスター教とは、紀元前六世紀頃のペルシア（イラン）の予言者ゾロアスターが始めた宗教である。ペルシアの民族宗教を二元論で体系化したものである。

(56)『アウグスティヌス著作集第五巻I』二三一〜二四〇頁。

(57) 同書、四三七頁。

(58) 同書、四一〇頁。
(59) 同書、四三七〜四三八頁。
(60) ウルリッヒ・ヴィルケンス『EKK新約聖書註解Ⅵ/3　ローマ人への手紙(一二―一六章)』岩本修一訳、教文館、二〇〇一年、一〇九頁。
(61) アラン・リチャードソン『新約聖書神学概論』渡辺英俊・土戸清訳、日本キリスト教団出版局、二〇〇七年、三六〜三七頁。
(62) マルティン・ヘンゲル『十字架』土岐正策ほか訳、ヨルダン社、一九八三年、一一〜二二頁。
(63) 高橋保行『ギリシャ正教』講談社(講談社学術文庫)、一九八〇年、二七三〜二七五頁。
(64) 佐藤勝彦監修『大宇宙・七つの不思議』PHP研究所(PHP文庫)二〇〇五年、九六〜一〇一頁。二間瀬敏史『宇宙の始まりと終わり』ナツメ社、二〇一一年、一〇〜一一頁。
(65) 村山斉『宇宙はなぜこんなにうまくできているのか』集英社インターナショナル、二〇一二年、一七六頁。
(66) 『新潮世界文学第一二巻(ドストエフスキーⅢ)』木村浩訳、新潮社、一九六九年、四九七〜四九八頁。
(67) ドストエーフスキイ『悪霊(上)』米川正夫訳、岩波書店(岩波文庫)、一九八九年、一九七頁。
(68) 同書、四一三頁。
(69) 『ニーチェ全集第一四巻』原佑訳、筑摩書房(ちくま学芸文庫)、一九九四年、二三〇頁。
(70) 『ニーチェ全集第一五巻』川原栄峰訳、筑摩書房(ちくま学芸文庫)、一九九四年、一八四頁。
(71) 『夏目漱石全集第七巻』筑摩書房(ちくま文庫)、一九八八年、三八〇頁。

(72) 波多野精一『時と永遠』岩波書店（岩波文庫）、二〇一二年、一八、六〇、六五頁。
(73) Religion in Geschichte und Gegenwart（=RGG）, 4. Aufl., Bd. 3, Tübingen: J. C. B. Mohr, 2000, S. 1524.
(74) 波多野精一、前掲書、一六九〜一八一頁。
(75) ルーテル学院大学ルター研究所編『ルター著作選集』教文館、二〇〇五年、一一頁。
(76) トマス・ア・ケンピス『キリストにならいて』池谷敏雄訳、新教出版社、一九八四年、五六頁。
(77) グスターフ・アウレン『勝利者キリスト』佐藤敏夫ほか訳、教文館、二〇〇四年、一二五頁。
(78) RGG, 4. Aufl., Bd. 7, 2004, S. 111.
(79) アラン・リチャードソン『新約聖書神学概論』三九二頁。
(80) RGG, 4. Aufl., Bd. 8, 2005, S. 1529.
(81)『ブルンナー著作集第五巻』大村修文訳、教文館、一九九八年、一〇三頁。
(82) ウラジミール・ロースキイ『キリスト教東方の神秘思想』宮本久雄訳、勁草書房、一九八六年、三七頁。
(83) ヴェルナー・G・キュンメル『新約聖書神学』山内眞訳、日本キリスト教団出版局、一九八七年、三二二、三三〇〜三三一頁。
(84) Pelikan, Jaroslav（ed.）, Luther's Works, vol. 26, Saint Louis: Corcodia Publishing House, 1963, p. 167.
(85) 礼拝堂の奥にある仕切りで、聖所と至聖所を分ける働きをする。
(86) ギリシア語「テオトコス」の訳語。神を生んだ者、すなわち、神の母のこと。エフェソ公会議

（四三一）でマリアの正式称号となった。
(87) H・デンツィンガー編『カトリック教会文書資料集』六九頁（三〇一番）。
(88) 同書、一三八頁（六〇〇番）。
(89) ジョン・メイエンドルフ『ビザンティン神学』鈴木浩訳、新教出版社、二〇〇九年、七六〜七七頁。
(90) 同書、七七頁。
(91) H・E・フォスディック『祈りの意味』斉藤剛毅訳、新教出版社、二〇一三年、五六頁。
(92) 同書、九〇頁。
(93) ティク・ナット・ハン『禅への鍵』藤田一照訳、春秋社、二〇一一年、四頁。
(94) 同書、二〜七頁。
(95) ティク・ナット・ハン『生けるブッダ、生けるキリスト』池田久代訳、春秋社、一九九六年、一七頁。
(96) 同書、三五〜三六頁。
(97) 松田央『キリストの道』冬弓舎、二〇一一年、一九八〜二〇五頁。
(98) ティク・ナット・ハン『ブッダの呼吸の瞑想』島田啓介訳、野草社、二〇一二年、八九頁。
(99) 同書、一六頁。
(100) 同書、一〇三頁。
(101) 同書、一二四頁。

あとがき　Epilogus

紙幅の関係で組織神学に関する重要なテーマを広く考察することはできなかった。なかんずく教会論と終末論について言及する余裕がなかった。教会論に関心のある読者には、ジャン・カルヴァンの『キリスト教綱要』（新教出版社）とハンス・キュンクの『教会論』（新教出版社）を、また終末論に関心のある読者には、オリゲネス『諸原理について』（創文社）とアウグスティヌス『神の国』（『アウグスティヌス著作集第一一～一五巻』教文館）とG・ザウター『終末論入門』（教文館）などをお勧めする。

ここでは蛇足にならない程度に信仰論と救済論について補足しておく。第五章で考察したように、「テオーシス」（神化）は、キリスト教のさまざまな救済論的術語を包括する表現形式である。しかもそれは信仰生活における基本方針であり、また人生の目標でもある。キリスト者はテオーシスを意識しながら生活することによって、神との結合を深め、神の世界をより深く経験することができるはずである。しかもテオーシスは、ルターの思想にも認められる表象であり、プロテスタントにとっても異質なものではない。

これを比喩的にいうならば、キリストがぶどうの木であり、キリスト者各人がぶどうの枝である（ヨハネ一五・一〜五）ということである。すなわち、信仰者は自分の力によって生きているのではなく、キリストという広大無辺な命につながり、それに包まれて生きている。それによって人間は永遠の命を得ることができる。

ただし、このような信仰のプロセスはあくまで理念的なものであり、私を含めて大半の信仰者は、必ずしも順調にテオーシスの道を歩むわけではない。ルターの信仰論によれば、キリスト者は「義人にして同時に罪人《つみびと》」である。つまり、神の恵みによって罪を贖われ、正しいと認められた者も、その後、罪から完全に解放されて生きるわけではない。逆説的にいえば、自分の罪を自覚すればするほど、かえって神の恵みの深さを感じることができる。

現実の生活を振り返ればわかるように、完全に純粋な信仰はほとんど不可能である。多くの人々は、キリストの贖いを信じつつも、しばしば迷いや疑いの霧に包まれながら、信仰生活を送っているのではなかろうか。

このような宗教観は日本の大乗仏教の思想にも認められる。たとえば、日本曹洞宗《そうとうしゅう》の開祖である道元（一二〇〇〜一二五三）の所見によると、仏とは迷わない存在ではなく、自分の迷いを転じて大悟《たいご》する存在なのである（『正法眼蔵《しょうぼうげんぞう》』の『現成公案《げんじょうこうあん》』の巻）。

単純に考えると、迷いという煩悩を完全に消し去った状態が悟りであるはずである。ところが道元によれば、仏道修行を始めようとしたとたんに迷いが生じる。それはなぜかというと、悟りを目指している自己は、今、自分が迷いの境地にあることを人一倍痛感することができるからである。その反対に悟りを目指さず、漫然と煩悩の内に生きる者は、自分がその状態にあることにさえ気づいていない。それゆえ、迷いの自己と悟りの自己（本当の自己）は、相即不離《そうそくふり》の関係にあるということになる。

したがって道元の立場に従うと、悟りへの運動は、単純な直線運動ではなく、いわば螺旋形《らせん》の道を徐行して昇るようなものである。つまり後退しているように思われる途上も、実は新たな上昇への過程なのである。

そして法然の研究家である梶村昇の表現を借りると、現実の信仰はいつも「過程未完了」に留まっている（『法然上人伝（上）』大東出版社）。これはキリスト教にも当てはまることであり、「一点の曇りもない完全な信仰」という境地が現実にあるわけではない。

しばしば迷いや疑いの荒波の中で溺れそうになりながら、それでも失望せず、「主よ、助けてください」（マタイ一四・三〇）と祈らねばならない。おそらく信仰生活はこの繰り返しであろう。

最後になったが、新教出版社の小林望社長をはじめとして編集でお世話になった方々に心より御礼を申し上げる。

松田 央（まつだ・ひろし）

1954年生まれ。慶應義塾大学法学部を経て、同志社大学大学院神学研究科で学ぶ。神戸女学院大学名誉教授。日本基督教団正教師・博士（神学）。主な著書：『キリスト論』（南窓社、2000年）、『信じること、疑うこと』（冬弓舎、2005年）、『キリスト教の基礎』（キリスト新聞社、2007年）、『世の光キリスト』（キリスト新聞社、2008年）、『キリストの道』（冬弓舎、2011年）など。

信仰の基礎としての神学
キリスト教神学への道案内

2018年1月25日　第1版第1刷発行

著　者……松田　央

発行者……小林　望
発行所……株式会社新教出版社
〒162-0814東京都新宿区新小川町9-1
電話（代表）03 (3260) 6148
振替 00180-1-9991
印刷・製本……株式会社カシヨ

ISBN 978-4-400-51870-9　C1016